Sobre Natureza e Linguagem

Noam Chomsky, linguista e filósofo político de reputação internacional, nasceu na Filadélfia (Pensilvânia) em dezembro de 1928. Criador da teoria da gramática gerativa transformacional, é professor de linguística no Massachusetts Institute of Technology (MIT) e autor de inúmeros livros e diversos artigos. Mais da metade de suas obras aborda questões políticas. No campo das artes, humanidades e ciências sociais, é o autor vivo citado com mais frequência.

Noam Chomsky
Sobre Natureza e Linguagem

Com um ensaio sobre
"O clero secular e os perigos da democracia"

Organizado por
ADRIANA BELLETTI
e LUIGI RIZZI

Tradução
MARYLENE PINTO MICHAEL
Revisão da tradução
EVANDRO FERREIRA E SILVA

SÃO PAULO 2018

Esta obra foi publicada originalmente em inglês com o título
ON NATURE AND LANGUAGE por
Press Syndicate of the University of Cambridge, Cambridge, GB.
Copyright © Noam Chomsky, Adriana Belletti, Luigi Rizzi, 2002.
Copyright © 2006, Livraria Martins Fontes Editora Ltda.,
Copyright © 2012, Editora WMF Martins Fontes Ltda.,
São Paulo, para a presente edição.

Este livro e nenhuma de suas partes podem ser reproduzidas sem autorização expressa de Cambridge University Press, e da Martins Fontes Editora para a tradução

1ª edição *2015*
2ª edição *2018*

Tradução
MARYLENE PINTO MICHAEL

Revisão da tradução
Evandro Ferreira e Silva
Acompanhamento editorial
Maria Fernanda Alvares
Revisões gráficas
Andréa Stahel M. da Silva
Solange Martins
Dinarte Zorzanelli da Silva
Produção gráfica
Geraldo Alves
Paginação
Moacir Katsumi Matsusaki

Dados Internacionais de Catalogação na Publicação (CIP)
(Câmara Brasileira do Livro, SP, Brasil)

Chomsky, Noam
  Sobre natureza e linguagem / Noam Chomsky ; organizado por Adriana Belletti e Luigi Rizzi ; tradução Marylene Pinto Michael ; revisão de tradução Evandro Ferreira e Silva. – 2. ed. – São Paulo : Editora WMF Martins Fontes, 2018. – (Biblioteca do pensamento moderno)

Título original: On nature and language.
"Com um ensaio sobre 'O clero secular e os perigos da democracia' ".
ISBN 978-85-469-0187-6

1. Filosofia da mente 2. Linguagem - Filosofia 3. Teoria minimalista (Linguística) I. Belletti, Adriana. II. Rizzi, Luigi. III. Título IV. Série.

17-08874   CDD-401

Índices para catálogo sistemático:
1. Linguagem : Filosofia   401
2. Linguagem : Teoria   401

Todos os direitos desta edição reservados à
Editora WMF Martins Fontes Ltda.
Rua Prof. Laerte Ramos de Carvalho, 133 01325.030 São Paulo SP Brasil
Tel. (11) 3293.8150 e-mail: info@wmfmartinsfontes.com.br
http://www.wmfmartinsfontes.com.br

ÍNDICE

Prefácio VII

1. Introdução dos editores: Alguns conceitos e questões em teoria lingüística 1
2. Perspectivas sobre a linguagem e a mente 53
3. A linguagem e o cérebro 73
4. Uma entrevista sobre o minimalismo 113
5. O clero secular e os perigos da democracia 201

Referências para os capítulos 1-4 231
Índice remissivo 243

PREFÁCIO

Convidado pela Universidade de Siena, Noam Chomsky passou o mês de novembro de 1999 no Certosa di Pontignano, um mosteiro do século XIV que hoje é um estabelecimento de pesquisas da universidade. Aquele foi um mês extraordinariamente intenso e excitante, no qual a faculdade e os estudantes da Universidade de Siena tiveram a oportunidade única de entrar em estreito contato com diferentes aspectos da obra de Chomsky, de discutir ciência e política com ele, de intercambiar e refinar idéias e projetos, bem como de interagir com Chomsky de muitas maneiras. Os textos coligidos neste volume dizem respeito a atividades relacionadas a essa visita.

O primeiro capítulo oferece uma introdução a alguns conceitos básicos de teoria lingüística e a alguns elementos da história desta, cruciais para a compreensão de certas questões teóricas tratadas nos capítulos seguintes.

O segundo capítulo está relacionado a uma ocasião especial. A estada de Chomsky em Siena foi organizada vinte anos depois de sua visita à Scuola Normale Superiore de Pisa, um acontecimento que, por meio das memoráveis Conferências de Pisa, teve uma influência profunda no campo da lingüística teórica, desde então. Com relação a esse aniversário, Chomsky recebeu, em 27 de outubro de 1999, o "Perfezionamento *honoris causa*", título honorário concedido pela Scuola Normale Superiore. Nessa ocasião ele fez a Conferência sobre Galileu, "Perspectivas sobre a linguagem e a mente", que persegue as idéias centrais da lingüística científica atual e das ciências cognitivas modernas até suas raízes no pensamento clássico, começando com o famoso elogio de Galileu Galilei à "maravilhosa invenção", a escrita alfabética, que permite que nos comuniquemos com outras pessoas a qualquer distância no espaço e no tempo. A Conferência sobre Galileu encontra-se publicada aqui como o segundo capítulo.

O terceiro capítulo concentra-se nas relações entre o estudo da linguagem e as neurociências, tratando especialmente das perspectivas para a integração e unificação dos modelos computacionais abstratos, desenvolvidos pelas ciências cognitivas, com o estudo do substrato físico da linguagem e do conhecimento no cérebro. Uma versão preliminar desse texto foi lida por Chomsky como uma conferência completa no encontro da Conferência Européia sobre Ciência Cognitiva (Santa Maria della Scala, Siena, 30 de outubro de 1999); os mesmos temas também foram tratados, em um cenário um pouco mais geral, na conferência pública "A linguagem e o resto do mundo" (Universidade de Siena, 16 de novembro de 1999).

O quarto capítulo apresenta, em forma de entrevista, uma discussão sobre as raízes, conceitos e ramificações históricos do Programa Minimalista, a abordagem lingüística que tomou forma sob o impulso das idéias de Chomsky no decorrer da década de 90 e que, aos poucos, adquiriu um lugar proeminente na lingüística teórica.

Chomsky proferiu uma segunda conferência pública intitulada "O clero secular e os perigos da democracia" (Universidade de Siena, 18 de novembro de 1999), relativa a outro grande foco de seus interesses e atividades: a responsabilidade da mídia e de outras organizações intelectuais na sociedade moderna. O texto correspondente a essa conferência é publicado aqui como o quinto capítulo. O mesmo tópico também foi tratado por Chomsky em outras palestras e seminários, particularmente nos aspectos relacionados ao seu livro recente *The New Military Humanism.*

No período em que permaneceu em Siena, Chomsky também fez uma série de seminários informais sobre os últimos desenvolvimentos técnicos do Programa Minimalista e referiu-se a esse tópico nas oficinas ligadas ao programa de pesquisa "Para uma cartografia estrutural de configurações sintáticas e tipos semânticos" (Certosa di Pontignano, 25-27 de novembro de 1999).

O denominador comum que une os primeiros quatro capítulos deste livro é a idéia do estudo da linguagem como um objeto natural, uma capacidade cognitiva que é parte do dote biológico de nossa espécie, representado fisicamente no cérebro humano e acessível ao estudo dentro das diretrizes das ciências humanas. Segundo essa perspectiva, introduzida pelos primeiros textos de Chomsky e desenvolvida posteriormente por uma comunidade científica crescente, a lingüística teórica deu uma contribuição crucial para a deflagração e configuração da chamada revolução cognitiva, na segunda parte do século XX. Baseado em cerca de quarenta anos de investigação científica sobre a linguagem, o Programa Minimalista desenvolve agora esta abordagem, colocando no centro da agenda de pesquisa uma notável propriedade da linguagem: sua elegância e concisão na execução da tarefa fundamental de conectar sons e sentidos em um domínio ilimitado.

Boa parte da entrevista apresentada no capítulo 4 destina-se a elucidar esse aspecto da pesquisa atual e a explorar analogias com outros sistemas elegantes descobertos por investigação científica em outros domínios do mundo natural.

O segundo e o terceiro capítulos deste livro são imediatamente acessíveis a não-especialistas. O quarto capítulo, embora essencialmente não-técnico, refere-se a certos conceitos da lingüística teórica moderna e a aspectos da recente história desse campo. O objetivo desse capítulo introdutório é oferecer informações teóricas e históricas para a discussão sobre o minimalismo, que vem a seguir.

O material coligido neste livro foi publicado em italiano e inglês com o título *Su natura e linguaggio*, como o primeiro volume de Lezioni Senesi, Edizioni dell'Università di Siena, em abril de 2001. O presente livro distingue-se do volume de Siena no que se refere ao considerável enriquecimento do capítulo introdutório e à adição da Conferência sobre Galileu, com permissão da Scuola Normale Superiore de Pisa.

O vigésimo aniversário dos seminários de Pisa foi uma boa ocasião para uma nova visita à Toscana, mas, do tempo que Chomsky passou em Siena, muito pouco foi empregado para celebrar o passado, se é que o foi. A maior parte do tempo e as melhores energias, nesse mês intenso e inesquecível, foram destinadas à exploração e discussão de novas idéias e novos direcionamentos para futuras pesquisas sobre linguagem. Esperamos que os textos e o material aqui coligido transmitam não só o conteúdo, mas também o compromisso intelectual e o entusiasmo que permeou os debates entre Pontignano e Via Roma.

ADRIANA BELLETTI
LUIGI RIZZI

CAPÍTULO 1
INTRODUÇÃO DOS EDITORES: ALGUNS CONCEITOS E QUESTÕES EM TEORIA LINGÜÍSTICA

1. O estudo da linguagem em um cenário biológico

Os paradigmas lingüísticos predominantes na primeira metade do século XX centravam sua atenção na "langue" saussuriana, um objeto social do qual os falantes individuais tinham apenas um domínio parcial. A partir da década de 50, a gramática gerativa mudou o foco da pesquisa lingüística para os sistemas de conhecimento lingüístico possuídos pelos falantes individuais e para a "faculdade de linguagem", a capacidade específica da espécie para dominar e usar uma língua natural (Chomsky, 1959). Nessa perspectiva, a linguagem é um objeto natural, um componente da mente humana, representado fisicamente no cérebro e integrado ao patrimônio biológico da espécie. Conforme essas diretrizes, a lingüística é parte da psicologia individual e das ciências cognitivas, e seu objetivo final é caracterizar um componente central da natureza humana, definido em um cenário biológico.

A idéia de pôr em foco a faculdade de linguagem não era nova, tinha suas raízes na perspectiva racionalista clássica de estudar a linguagem como um "reflexo da mente", como um domínio que oferece um acesso privilegiado ao estudo da cognição humana. Para enfatizar essas raízes, Chomsky refere-se a essa mudança de perspectiva, na década de 50, como "a segunda revolução cognitiva", prestando assim um tributo às idéias inovadoras sobre linguagem e mente na filosofia do século XVII até começo do século XIX, com referência específica à tradição cartesiana. O que há de novo na "segunda revolução cognitiva" é que a linguagem é estudada pela primeira vez – na segunda metade do século XX – com modelos formais precisos, capazes de capturar certos fatos fundamentais a respeito da linguagem humana.

Um fato realmente básico da linguagem é que os falantes defrontam-se constantemente com expressões com que nunca haviam deparado em sua experiência lingüística prévia e, não obstante, podem produzi-las e entendê-las sem esforço. As capacidades lingüísticas normais abrangem, efetivamente, domínios ilimitados: cada falante pode produzir e entender um número indefinido de expressões lingüísticas no uso normal da linguagem. Essa capacidade extraordinária, por vezes considerada componente fundamental da "criatividade" do uso comum da linguagem, foi notada pelo menos desde a primeira revolução cognitiva e considerada um componente crucial da natureza humana. Permaneceu, contudo, fundamentalmente sem explicação na reflexão clássica sobre a linguagem. Encontramos, por exemplo, oscilações reveladoras sobre esse tópico no *Cours* [*Curso de lingüística geral*] de Ferdinand de Saussure. No *Cours*, por outro lado, afirma-se abruptamente que "la phrase, le type par excellence de syntagme (…) appartient à la parole, non à

INTRODUÇÃO DOS EDITORES: ALGUNS CONCEITOS E QUESTÕES

la langue" (p. 172) [a frase, o tipo de sintagma por excelência, pertence à *parole,* não à *langue*], e, logo depois dessa passagem, o texto volta a se referir à definição de *parole* como "un acte individuel de volonté et d'intelligence (…) [que inclui] les combinaisons par lesquelles le sujet parlant utilise le code de la langue en vue d'exprimer sa pensée personnelle (…)" (p. 31) [um ato individual de vontade e inteligência (…) que inclui as combinações por meio das quais o sujeito falante utiliza o código da *langue* com a intenção de expressar seu pensamento pessoal]. A liberdade de combinações de elementos que caracteriza a sentença é "le propre de la parole". Por outro lado, "il faut attribuer à la langue, non à la parole, tous les types de syntagmes construits sur des formes regulières (…), des groupes de mots construits sur des patrons réguliers, des combinaisons [que] répondent à des types généraux" [é necessário atribuir à *langue,* não à *parole*, todos os tipos de sintagmas construídos segundo formas regulares (…), grupos de palavras construídos segundo padrões regulares, combinações que correspondem a tipos gerais] (p. 173). A conclusão do *Cours*, portanto, parece ser que a sintaxe está na metade do caminho entre *langue* e *parole*: "Mais il faut reconnaître que dans le domaine du syntagme il n'y a pas de limite tranchée entre le fait de langue, marqué de l'usage collectif, et le fait de parole, qui dépend de la liberté individuelle" (p. 173) [mas é necessário reconhecer que, no domínio do sintagma não há um limite preciso entre os fatos da *langue*, marcados pelo uso coletivo, e os fatos da *parole*, que estão sujeitos à liberdade do indivíduo]. A fonte da hesitação está clara: por um lado, o caráter regular da sintaxe é evidente, por outro, a lingüística teórica, no começo do século XX, não dispõe de um instrumento preciso para expressar a assombrosa variedade dos "padrões regulares" que a sintaxe da língua natural permite. Ver também Graffi (1991: 212-3) para um debate sobre essa questão.

A contribuição formal crítica da gramática gerativa, em sua fase inicial, foi mostrar que a regularidade e a ausência de limites da sintaxe da língua natural podiam ser expressas por modelos gramaticais precisos dotados de processos recursivos. Saber uma língua significa dominar tacitamente um procedimento gerativo recursivo. Quando falamos, escolhemos livremente uma estrutura gerada por nosso procedimento recursivo e que está em harmonia com nossas intenções comunicativas; na percepção de Saussure, uma escolha particular em uma situação de discurso específica é um ato livre da *parole*, porém o procedimento subjacente que especifica os possíveis "padrões regulares" é estritamente dirigido por regras. No decorrer dos últimos cinqüenta anos, a caracterização técnica da propriedade recursiva da sintaxe da língua natural evoluiu consideravelmente, desde a suposição de "transformações generalizadas" formando, passo a passo, construções complexas a partir daquelas subjacentes às sentenças mais simples (Chomsky, 1957), até os sistemas recursivos de estrutura sintagmática (Katz e Postal, 1964; Chomsky, 1965) capazes de reproduzir estruturas profundas de extensão ilimitada à teoria X-barra recursiva (Chomsky, 1970; Jackendoff, 1977) e à idéia minimalista de que a operação sintática básica, a "Concatenar", une dois elementos, formando um terceiro, que é a projeção de um de seus dois subcomponentes (Chomsky, 1995a, 2000a). A intuição fundamental, todavia, permaneceu constante: as línguas naturais envolvem funções gerativas recursivas.

Os novos modelos construídos com base nesta percepção permitiram rapidamente uma análise dotada de uma profundidade dedutiva não trivial que, graças a seu grau de clareza formal, pôde fazer predições precisas e conseqüentemente pôde ser submetida a vários tipos de testes empíricos. A profundidade dedutiva dos modelos e os recursos de controle experimental de sua validade estão entre os componentes fundamentais do que tem sido chamado de "estilo Galileu", estilo de investigação que se estabeleceu nas ciências naturais desde a época de Galileu Galilei (ver capítulos 2 e 4 para uma discussão adicional sobre esta noção). Mostrando que a faculdade de linguagem é acessível ao estudo dentro das diretrizes do estilo galileano, esta é, então, a essência da segunda revolução cognitiva no estudo da linguagem. Iniciada pelas contribuições de Chomsky na década de 50, esta abordagem influiu profundamente no estudo da linguagem desde então, contribuindo de maneira decisiva para o surgimento da ciência cognitiva moderna (ver, além das referências mencionadas e entre muitas outras publicações, a dissertação de doutorado de Chomsky [1955], publicada em 1975, Chomsky [1957] e vários ensaios em Fodor e Katz [1964]).

2. Gramática Universal e gramáticas particulares

O estudo moderno da linguagem como um reflexo da mente analisa sob diversos pontos de vista várias perguntas básicas de pesquisa, duas das quais têm sido particularmente importantes:

– O que é o conhecimento da linguagem?
– Como é adquirido?

A primeira pergunta tornou-se de importância capital para o programa ser iniciado. Esses primeiros escritos de gramática generativa, nas décadas de 50 e 60, demonstraram, por um lado, que o conhecimento implícito da linguagem era acessível a um estudo preciso através de modelos que tinham suas raízes na teoria de sistemas formais, principalmente na teoria de funções recursivas; e, por outro lado, eles ressaltaram imediatamente o fato de que o conhecimento lingüístico intuitivo que cada falante possui, e que dirige seu comportamento lingüístico, é um sistema de complexidade e riqueza extraordinárias. Todo falante domina implicitamente um sistema muito detalhado e preciso de procedimentos formais de agrupamento e interpretação de expressões lingüísticas. Esse sistema é constantemente usado, de modo automático e inconsciente, para produzir e entender novas sentenças, uma característica do uso comum da linguagem.

A descoberta da riqueza do conhecimento implícito da linguagem levantou imediatamente a questão de sua aquisição. Como é possível que toda criança consiga, tão cedo na vida, adquirir um sistema tão rico de um modo aparentemente involuntário, sem ser necessário um ensino explícito? E, o que é mais importante, o estudo preciso dos fragmentos do conhecimento adulto da linguagem evidenciou rapidamente a existência de situações de "pobreza de estímulo": o conhecimento adulto da linguagem é, em larga medida, determinado de modo insuficiente pelos dados lingüísticos normalmente disponíveis para a criança, que seriam compatíveis com inumeráveis generalizações além daquelas para as quais os falantes convergem. Considere um simples exemplo para ilustrar essa questão. Os falantes de inglês sabem intuitivamente que o pronome "he" pode ser entendido referindo-se a John no (1), mas não no (2).

(1) John said that he was happy
    John disse que (ele) estava feliz

(2) *He said that John was happy
   Ele disse que John estava feliz

Sabemos que a "co-referência" entre o nome e o pronome é possível em (1), mas não em (2) (o asterisco em (2) sinaliza a impossibilidade de co-referência entre os elementos sublinhados; a sentença é obviamente possível com "ele" referindo-se a alguma outra pessoa mencionada no discurso anterior). Não se trata de uma simples questão de precedência linear; há, em inglês, um número ilimitado de sentenças nas quais o pronome precede o nome e, ainda assim, a co-referência é possível. Esta propriedade é ilustrada nas seguintes sentenças dotadas de sujeito, objeto e pronomes possessivos:

(3) When he plays with his children, John is happy
   Quando (ele) brinca com seus filhos, John está feliz

(4) The people who saw him playing with his children said that John was happy
   As pessoas que o viram brincando com seus filhos disseram que John estava feliz

(5) His mother said that John was happy
   Sua mãe disse que John estava feliz

A generalização efetiva implica uma sofisticada computação estrutural. Digamos que o "domínio" de um elemento A é a frase que contém A imediatamente (também dizemos que A c-comanda os elementos em seu domínio: Reinhart [1976]). Agora vamos indicar o domínio do pronome em (1)–(5) com um par de colchetes:

(6) John said that [he was happy]
   John disse que [(ele) estava feliz]

(7) *[He said that John was happy]
   [Ele disse que John estava feliz]

(8) When [he plays with his children], John is happy
Quando [(ele) brinca com seus filhos], John está feliz

(9) The people who saw [him playing with his children] said that John was happy
As pessoas que viram- [no brincando com seus filhos] disseram que John estava feliz

(10) [His mother] said that John was happy
[Sua mãe] disse que John estava feliz

A propriedade formal que distingue (7) agora está clara: apenas nessa estrutura o nome é contido no domínio do pronome. Assim, a co-referência está excluída quando o nome está no domínio do pronome (este é o Princípio de Não Co-referência de Lasnik [1976]). Os falantes de inglês dominam tacitamente esse princípio e o aplicam automaticamente em novas sentenças para avaliar a interpretação pronominal. Contudo, como eles ficam sabendo que esse princípio está em vigor? Essa importante informação, obviamente, não é dada explicitamente à criança por aqueles que cuidam dela, visto que não têm nenhum grau de consciência desse princípio. Por que os que estão aprendendo a língua não fazem a suposição mais simples, isto é, de que a co-referência é opcional em todos os casos? Ou por que não supõem que a co-referência é regida por um princípio linear simples e não por um princípio hierárquico referente à noção de domínio? Por que todos os falantes convergem inevitavelmente para a pressuposição de um princípio estrutural e não para um princípio linear mais simples ou mesmo para a pressuposição de nenhum princípio?

Esta é uma ilustração de uma situação característica da aquisição de língua. Como a experiência é pobre demais para motivar o conhecimento gramatical que os falantes adultos invariavelmente possuem, somos levados a presumir que partes específicas do conhecimento gramatical desenvolvem-se devido a alguma pressão existente no interior do sistema cognitivo da criança. Uma hipótese natural é que a criança nasce com uma "faculdade de linguagem" (Saussure), uma "tendência instintiva" para a linguagem (Darwin). Esta capacidade cognitiva deve envolver, em primeiro lugar, recursos receptivos para separar sinais lingüísticos do ruído de fundo restante e construir, com base em outros recursos internos ativados por uma experiência lingüística limitada e fragmentária, o rico sistema de conhecimento lingüístico que todo falante possui. No caso em discussão, é razoável supor um procedimento inato que determine as possibilidades de co-referência, processo esse que possivelmente pode ser deduzido a partir de um módulo geral que determina as possibilidades de dependências referenciais entre expressões – como na Teoria da Ligação de Chomsky (1981) – ou a partir de princípios ainda mais gerais, que se aplicam à interface entre sintaxe e pragmática – como na abordagem de Reinhart (1983). Realmente, nenhuma gramática normativa, pedagógica ou descritiva (não baseada em teoria) jamais informa esses fatos, os quais se presume automática e inconscientemente permanecerem não somente em nossa língua nativa, mas também na aquisição de um segundo idioma pelo adulto. O princípio subjacente, portanto, seja qual for sua natureza definitiva, parece fazer parte da bagagem interna de cada falante.

Podemos agora expressar o problema com a terminologia usada pelo estudo moderno da linguagem e da mente. A aquisição de língua pode ser vista como a transição de um estado da mente no nascimento, o estado cognitivo inicial, para o estado estável que corresponde ao conhecimento nativo de uma língua natural. As considerações sobre a pobreza de estímulos apóiam a visão de que o estado cognitivo inicial, longe de ser a tábua rasa dos modelos empíricos, já é um sistema magnificamente estruturado. A teoria do estado cognitivo inicial é chamada Gramática Universal; a teoria de um estado estável particular é uma gramática particular. Assim, a aquisição do conhecimento tácito de francês, italiano ou chinês, por exemplo, torna-se possível por meio do componente da mente-cérebro que é explicitamente modelado pela Gramática Universal, em interação com uma trajetória específica de experiência lingüística. Em termos de lingüística comparativa, a Gramática Universal é uma teoria da invariância lingüística, porque expressa as propriedades universais das línguas naturais; em termos da perspectiva cognitiva adotada, a Gramática Universal expressa os universais biologicamente necessários, as propriedades que são universais porque são determinadas por nossa faculdade inata de linguagem, um componente do patrimônio biológico da espécie.

Assim que uma propriedade gramatical é atribuída à Gramática Universal com base nas considerações sobre a pobreza de estímulos, hipótese que pode ser legitimamente formulada com fundamento no estudo de uma única língua, uma verificação comparativa é imediatamente provocada: queremos saber se a propriedade em questão é universalmente válida. No caso em tela, não esperamos que nenhuma linguagem humana permita a coreferência em uma configuração igual à de (2) (ordem das palavras em módulo e outras propriedades específicas da linguagem) – conclusão que, segundo o que há de melhor em nossos conhecimentos atuais, é correta (Lasnik [1989], Rizzi [1997a] e referências aqui citadas). Assim sendo, uma pesquisa detalhada sobre línguas individuais leva imediatamente à pesquisa comparativa, através do problema lógico da aquisição de língua e da noção de Gramática Universal. Essa abordagem supõe que o patrimônio biológico para a linguagem é constante em toda a espécie: não temos uma predisposição específica para adquirir a língua de nossos pais biológicos, mas para adquirir qualquer linguagem humana que nos seja apresentada na infância. Isso, naturalmente, não é uma verdade *a priori*, mas uma hipótese empírica que é confirmada pelo sucesso explanatório da lingüística comparativa moderna.

3. Adequação descritiva e adequação explanatória

Dissemos que a aquisição de língua constitui "o problema empírico fundamental" da pesquisa lingüística moderna. Para ressaltar a importância do problema, Chomsky apresentou, na década de 60, uma noção técnica de explanação ajustada à aquisição (ver Chomsky [1964, 1965] para discussão). Considera-se que uma análise satisfaz a "adequação descritiva" quando descreve corretamente os fatos lingüísticos que os falantes adultos conhecem tacitamente; considera-se que satisfaz a exigência maior da "adequação explanatória" quando também esclarece como tais elementos do conhecimento são adquiridos. A adequação descritiva é alcançada quando um fragmento de uma gramática particular se apresenta como modelo de um fragmento do conhecimento lingüístico adulto; a adequação explanatória é alcançada quando é possível demonstrar que um fragmento descritivamente adequado de uma gramática particular pode ser derivado de dois ingredientes: a Gramática Universal com sua estrutura interna, princípios analíticos etc., e uma certa trajetória de experiência, os fatos lingüísticos que estão disponíveis para a criança aprender a linguagem durante o período de aquisição. Esses são os chamados "dados lingüísticos primários", um conjunto limitado e individualmente variável de enunciados, cujas propriedades e cuja riqueza estrutural podem ser estimadas por meio de toda uma bibliografia de estudos. Se for possível demonstrar que a gramática correta pode ser derivada da GU e de amostras de dados que é razoável supor estarem disponíveis para a criança, então o processo de aquisição está explicado. Voltando ao nosso exemplo concreto sobre co-referência, a adequação descritiva seria alcançada por uma hipótese que apreendesse corretamente os julgamentos intuitivos do falante a respeito de (1)–(5) – digamos, uma hipótese que se referisse antes a um princípio hierárquico que a um princípio linear. A adequação explanatória, por sua vez, seria alcançada por uma hipótese que derivasse a descrição correta de fatos a partir de leis inatas gerais – como, digamos, os princípios de ligação de Chomsky ou os princípios sobre a interface sintaxe-pragmática, de Reinhart.

Nas décadas de 60 e 70, surgiu uma certa tensão entre as necessidades de adequação descritiva e explanatória, visto que os dois objetivos impulsionaram a pesquisa em direções opostas. Por um lado, as necessidades de adequação descritiva pareciam exigir um constante enriquecimento das ferramentas descritivas: com a ampliação progressiva da base empírica, a descoberta de novos fenômenos nas línguas naturais levou os pesquisadores a propor novas ferramentas analíticas para fornecer descrições adequadas. Por exemplo, quando o programa de pesquisa foi estendido pela primeira vez para as línguas românicas, as tentativas de analisar certas construções verbais levaram à proposição de novas regras formais (transformações de formação causativa e instrumentos formais radicalmente inovadores, como a reconstrução, a reanálise, a união da oração etc.: Kayne, 1975; Rizzi, 1976; Aissen e Perlmutter, 1976), as quais pareciam exigir uma ampliação da lista de regras permitidas pela Gramática Universal. Igualmente, e de modo mais radical, as primeiras tentativas de analisar línguas com propriedades mais livres de ordem das palavras levaram à proposição de diferentes princípios de organização sintagmática, como em boa parte do trabalho sobre as chamadas línguas "não-configuracionais", de autoria de Ken Hale, seus colaboradores e muitos outros pesquisadores (Hale, 1978). Por outro lado, a própria natureza da adequação explanatória, visto que é definida tecnicamente, requer um máximo de restrição, bem como a postulação de uma forte uniformidade translingüística: somente se a Gramática Universal oferecer relativamente poucas opções analíticas para determinado conjunto de dados é que a tarefa de aprender uma língua será algo possível nas condições empíricas do tempo e do acesso aos dados disponíveis para a criança. Estava claro, desde o princípio, que apenas uma abordagem restritiva à Gramática Universal tornaria a adequação explanatória atingível de modo concreto (ver capítulo 4 e Chomsky [2001b] sobre a situação da adequação explanatória dentro do programa minimalista).

4. Princípios e parâmetros da Gramática Universal

No final da década de 70, surgiu uma abordagem capaz de resolver essa tensão. Estava baseada na idéia de que a Gramática Universal é um sistema de princípios e parâmetros. Esta abordagem foi desenvolvida pela primeira vez, de forma completa, nos seminários informais que Chomsky ministrou na Scuola Normale Superiore de Pisa no semestre da primavera de 1979. Estes originaram uma série de conferências, realizadas logo após a Conferência GLOW em abril de 1979, e que ficaram conhecidas como Conferências de Pisa. A abordagem foi aprimorada no curso de outono de 1979, que Chomsky ministrou no Instituto de Tecnologia de Massachusetts (MIT).

As versões anteriores da gramática gerativa adotavam a perspectiva, herdada das descrições gramaticais tradicionais, de que as gramáticas particulares são sistemas de regras específicas de cada língua. Nessa abordagem, há regras de estrutura sintagmática e regras transformacionais específicas para cada língua (a regra de estrutura sintagmática para o SV é diferente em italiano e japonês, a regra transformacional de formação causativa é diferente em inglês e francês etc.). Presumia-se que a Gramática Universal funcionasse como um tipo de metateoria gramatical, definindo o formato geral que os sistemas de regras específicos eram obrigados a seguir, bem como restrições gerais sobre a aplicação das regras. O papel de quem aprende a língua seria induzir um sistema específico de regras, fundamentado na experiência e dentro de limites e diretrizes definidos pela GU. O modo pelo qual esse processo de indução poderia de fato funcionar, todavia, continuou sendo extremamente misterioso.

A perspectiva mudou radicalmente há cerca de vinte anos. Na segunda metade da década de 70 algumas questões concretas de sintaxe comparativa tinham motivado a proposta de que alguns princípios da GU podiam ser parametrizados e, portanto, funcionar de modo ligeiramente diferente em línguas diferentes. O primeiro caso concreto estudado nesses termos foi o fato de que algumas variedades de restrição de ilha parecem ser levemente mais liberais que outras. Por exemplo, tirar um pronome relativo de uma pergunta indireta parece perfeitamente aceitável em italiano (Rizzi, 1978), mas não tanto em outras línguas e variedades: não é admitido em alemão e é marginal, em graus variáveis, em diferentes variedades de inglês (ver Grimshaw [1986] para discussão do último caso; sobre francês, ver Sportiche [1981]):

(11) Ecco un incarico [$_{S'}$ che [$_S$ non so proprio [$_{S'}$ a chi [$_S$ potremmo affidare __]]]]
Eis uma tarefa que realmente não sei a quem poderíamos confiar

(12) *Das ist eine Aufgabe, [$_{S'}$ die [$_S$ ich wirklich nicht weiss [$_{S'}$ wem [$_S$ wir __ anvertrauen könnten]]]]
Eis uma tarefa que realmente não sei a quem poderíamos confiar

O italiano, porém, não permite a exclusão de modo irrestrito: por exemplo, se a extração é feita de uma pergunta indireta que, por sua vez, está inserida em uma pergunta indireta, a aceitação decresce intensamente:

(13) *Ecco un incarico [$_{S'}$ che [$_S$ non so proprio [$_{S'}$ a chi [$_S$ si domandino [$_{S'}$ se [$_S$ potremmo affidare __]]]]]]
Eis uma tarefa que realmente não sei a quem eles se perguntam se poderemos confiar

Aventou-se a hipótese de que as línguas individuais poderiam diferir ligeiramente na escolha da categoria clausal considerada como nó de fronteira ou barreira para o deslocamento. Admitimos que o princípio cabível – a subjacência – permita o deslocamento através de uma barreira, no máximo; então, se a língua selecionar S' como barreira clausal, esse tipo de deslocamento será possível, cruzando apenas o S' mais baixo; se a língua selecionar S, o deslocamento cruzará duas barreiras, dando, assim, origem a uma violação da subjacência. Mesmo que a língua selecione S', o deslocamento a partir de uma ilha qu- dupla será barrado, daí o contraste (11)–(13) (se uma língua tiver de selecionar tanto S como S' como nó de fronteira, foi observado que, então, mesmo um deslocamento a partir de uma declarativa será barrado, como parece acontecer em certas variedades de alemão e no russo – ver a discussão em Freidin [1988]).

Em retrospecto, esse primeiro exemplo estava longe de ser um caso ideal de parâmetro: os fatos são sutis, complexos e cambiantes através das variedades e maneiras pessoais de falar etc. O importante, não obstante, é que logo se torna evidente que o conceito de parâmetro poderia ser estendido a outros casos mais proeminentes de variação sintática e que toda a variação sintática translingüística poderia ser tratada nesses termos, removendo inteiramente, desse modo, a noção de um sistema de regras específico de uma dada língua. Gramáticas particulares poderiam ser concebidas como instanciação direta da Gramática Universal, sob conjuntos particulares de valores paramétricos (ver Chomsky [1981]) e, entre muitas outras publicações, diferentes textos coligidos em Kayne [1984, 2001] e Rizzi [1982, 2000]).

Dentro da nova abordagem, a Gramática Universal deixa de ser apenas uma metateoria gramatical e torna-se um componente integral das gramáticas particulares. A Gramática Universal, em particular, é um sistema de princípios universais, alguns dos quais contêm parâmetros, pontos de escolha que podem ser fixados de uma determinada maneira, dentre um número limitado de maneiras. Uma gramática particular, então, é imediatamente derivada da Gramática Universal, por meio da fixação dos parâmetros em um determinado modo: italiano, francês, chinês etc. são expressões diretas da Gramática

INTRODUÇÃO DOS EDITORES: ALGUNS CONCEITOS E QUESTÕES

Universal, sob conjuntos de valores paramétricos particulares e distintos. Nenhum sistema de regras específicas para cada língua é proposto: as estruturas são computadas diretamente pelos princípios da Gramática Universal, segundo escolhas paramétricas particulares. Ao mesmo tempo, a noção de uma regra específica de construção se dissolve. Tomemos, por exemplo, a passiva, de certo modo o caso prototípico de uma regra específica de construção. A construção passiva decompõe-se em operações mais elementares, sendo que cada uma delas também é encontrada alhures. A morfologia passiva, por um lado, intercepta a atribuição do Papel Temático externo (Agente, no exemplo dado abaixo) dado à posição do sujeito e opcionalmente o desvia para a frase *by* [por], como na representação abaixo (14a); destematizando o sujeito, esse processo também impede a atribuição de Caso ao objeto (por meio da chamada generalização de Burzio, ver Burzio [1986]); assim, o objeto deixado sem Caso desloca-se para a posição de sujeito, como em (14b) (sobre a Teoria do Caso e a importância do Caso no acionamento do deslocamento, ver abaixo):

(14) a. __ was washed the car (by Bill)
   __ foi lavado o carro (por Bill)

   b. The car was washed __ (by Bill)
   O carro foi lavado __ (por Bill)

Nenhum desses processos é específico para a passiva: a interceptação do papel temático externo e o desvio opcional para a frase *by* [por] também são encontrados, por exemplo, em uma das construções causativas em línguas românicas (com o Caso atribuído ao objeto pelo predicado complexo *faire*+V em (15)); o deslocamento do objeto para uma posição não-temática de sujeito também é verificado com verbos não-acusativos, verbos que não atribuem um papel temático ao sujeito como propriedade léxica e são marcados morfologicamente, em algumas línguas românicas e germânicas, pela seleção do auxiliar *be* [ser, estar, existir], como em (16) em francês (Perlmutter, 1978; Burzio, 1986):

(15) Jean a fait laver la voiture   (par Pierre)
    Jean fez o carro ser lavado (por Pierre)

(16) Jean est parti __
    Jean partiu

Assim, a "construção passiva" dissolve-se em componentes mais elementares: uma parte de morfologia, uma operação em grades temáticas e um deslocamento. Os componentes elementares têm certo grau de autonomia modular e podem ser recombinados para dar origem a diferentes construções, segundo valores paramétricos específicos de cada língua.

Uma contribuição fundamental dos modelos paramétricos é o fato de eles terem representado um modo inteiramente novo de ver a aquisição de língua. Em termos desses modelos, a aquisição de uma língua significa a fixação de parâmetros da Gramática Universal com base na experiência. A criança interpreta os dados que entram, usando os instrumentos analíticos oferecidos pela Gramática Universal, e fixa os parâmetros do sistema, baseando-se nos dados analisados, sua experiência lingüística. Adquirir uma língua, portanto, significa selecionar, entre as opções geradas pela mente, as que combinam com a experiência e descartar as outras. A aquisição de um elemento de conhecimento lingüístico, por conseguinte, significa descartar as outras possibilidades oferecidas *a priori* pela mente; o aprendizado, assim, realiza-se "por meio do esquecimento", uma máxima adotada por Mehler e Dupoux (1992), relacionada à aquisição dos sistemas fonológicos: na lista disponível *a priori* para a mente da criança, adquirir as distinções fonéticas usadas em determinada língua implica o esquecimento das outras, de forma que ao nascer toda criança é sensível à distinção entre /l/ e /r/ ou /t/ e /t./ (dental *versus* retroflexivo); após poucos meses, no entanto, a criança que estiver aprendendo japonês terá "esquecido" a distinção entre /l/ e /r/, e a criança que estiver aprendendo inglês terá "esquecido" a distinção entre /t/ e /t./ etc., porque terão guardado as distinções usadas pela língua a que estão expostas e descartado as outras. Sob o ponto de vista paramétrico, "o aprendizado pelo esquecimento" também parece ser apropriado para a aquisição do conhecimento sintático.

A abordagem dos Princípios e Parâmetros apresentou um novo modo de tratamento do problema lógico da aquisição de língua, em termos que abstraem o decurso efetivo de tempo no processo de aquisição de língua (ver Lightfoot [1989] e referências discutidas aqui). Mas gerou também uma explosão de trabalhos sobre o desenvolvimento da linguagem: como ocorre, efetivamente, a fixação de parâmetros pela criança em um curso de tempo concreto? Pode essa fixação dar origem a padrões de desenvolvimento observáveis, como, por exemplo, o reajustamento de alguns parâmetros após a exposição a uma experiência consideravelmente significativa, ou em decorrência do amadurecimento? A abordagem de Hyams (1986) à omissão do sujeito no inglês falado por crianças abriu uma próspera linha de pesquisa sobre o estudo do desenvolvimento da linguagem com conhecimento de teoria, a qual floresceu na última década (ver, entre muitas outras referências, a discussão em Friedmann e Rizzi [2000], Rizzi [2000], Wexler [1994, 1998] e as referências ali citadas; sobre as relações entre aquisição de língua, mudança e crioulização nos termos da abordagem paramétrica, ver Degraff [1999]).

5. Modelos paramétricos e uniformidade lingüística

O desenvolvimento de modelos paramétricos tornou-se possível devido a uma importante descoberta empírica: as linguagens humanas são muito mais uniformes do que se pensava anteriormente. Vamos ilustrar esse aspecto com alguns exemplos simples.

5.1 Deslocamento manifesto versus deslocamento coberto

Considere a formação da primeira pergunta. Nas línguas humanas, em geral escolhe-se uma dentre duas opções para formar perguntas em constituintes. A opção escolhida pelo inglês (italiano, húngaro etc.) consiste em deslocar o sintagma interrogativo (*who* [quem] etc.) para o início, para uma posição na periferia esquerda da oração; a opção escolhida pelo chinês (japonês, turco etc.) consiste em deixar o sintagma interrogativo *in situ*, na posição de argumento interno à oração, e na qual o sintagma é interpretado (por exemplo, em (18) como o argumento interno de *love*):

(17) Who did you meet __?
    Quem você encontrou?

(18) Ni xihuan shei?
    Você ama quem?

O francês coloquial permite ambas as opções em orações principais:

(19) a. Tu as vu qui?
  Você viu quem?
   b. Qui as-tu vu___?
   Quem você viu?

A própria existência de apenas duas opções principais já é uma indicação de uniformidade. Em nenhuma língua conhecida, por exemplo, a pergunta é formada deslocando o sintagma interrogativo para uma posição estrutural mais baixa na árvore sintática, como, digamos, da oração principal para uma posição de complementizador encaixado. Além disso, há boas razões para acreditar que a uniformidade é até mais profunda. Na forma lógica, nível abstrato de representação mental na interface com os sistemas de raciocínio (ver May [1985] e Hornstein [1984]), o deslocamento parece ser sempre exigido, também em chinês e em francês coloquial, dando origem a estruturas nas quais o sintagma interrogativo faz ligação com uma variável que está no interior da oração:

(20) Para que x, você encontrou/viu/ama x?

Uma evidência empírica importante para a idéia de que o deslocamento manifesta-se de forma coberta nesses sistemas foi fornecida pela observação de Huang (1982) de que certas restrições de localidade aplicam-se de modo uniforme a todas as línguas. Um advérbio interrogativo, por exemplo, não pode ser extraído de uma pergunta indireta em interrogativas do tipo inglês. Essa propriedade está relacionada à operação de um princípio fundamental de localidade, originando violações que são muito mais severas e lingüisticamente invariáveis que os casos de extração discutidos em relação a (11) e (12):

(21) * How do you wonder [who solved the problem __]?
Como você imagina [quem resolveu o problema __]?

Por exemplo, o equivalente de (21) também é fortemente excluído em italiano, apesar de esta ser uma língua que permite com bastante liberdade a extração de material argumental das perguntas indiretas, como vimos:

(22) * Come ti domandi [chi ha risolto il problema __]?
Como você imagina quem resolveu o problema?

A restrição violada em (21) e (22), de acordo com a abordagem original de Huang, é o Princípio da Categoria Vazia (PCV), princípio esse que dá origem a violações translingüísticas invariáveis e mais fortes que a subjacência: explicando em poucas palavras, o advérbio qu- não pode estar conectado por meio de outro elemento qu- à oração encaixada; ver, entre muitas outras referências, Lasnik e Saito (1992), Rizzi (1990, 2000, 2001a, b), Cinque (1990), Starke (2001), sobre a diferença de comportamento entre a extração do argumento e a do adjunto nesse ambiente e a discussão de localidade abaixo.

À semelhança de (21) e (22), um advérbio interrogativo dentro de uma pergunta indireta não pode ser interpretado como um elemento da pergunta principal nas línguas de tipo chinês, conforme demonstra Huang. O paralelo é imediatamente evidenciado pelo francês: partindo de uma estrutura igual à de (23a), uma interrogativa principal que se relacione com o advérbio encaixado está excluída, quer o advérbio seja deslocado, quer não (note bem, esses raciocínios são válidos para um contorno acentual normal; se o elemento interrogativo *in situ* estiver intensamente enfatizado, a aceitabilidade melhorará: ver Starke [2001] para uma discussão sobre a aplicabilidade do contorno de acento a estes casos):

(23) a. Tu te demandes qui a résolu le problème de cette manière
Você se pergunta quem resolveu o problema dessa maneira

b. * Comment te demandes-tu qui a résolu le problème __?
Como você se pergunta quem resolveu o problema?

c. * Tu te demandes qui a résolu le problème comment?
Você se pergunta quem resolveu o problema como?

Isso se explica imediatamente se falantes de chinês, francês coloquial etc. atribuem formas lógicas como (20) a interrogativas *in situ*, por meio do deslocamento coberto do sintagma interrogativo. Aplicam-se ainda os mesmos princípios de localidade que operam em casos como (21) e (22), vedando, de uma só vez, o deslocamento manifesto e o "mental". Desse modo, parece que, em representações mentais abstratas, as perguntas são representadas de modo uniforme, em um formato semelhante a (20); o que varia é o fato de o deslocamento para o início ter conseqüências audíveis, como em inglês, ou cobertas, como em chinês etc.; diferença que pode ser expressa por meio de uma parametrização direta – como, por exemplo, no sistema de traços de Chomsky (1995a). Um único princípio de localidade aplicado a formas lógicas uniformes responde pela má-formação da extração manifesta na estrutura do inglês e do italiano, bem como pela ausência da interpretação da oração principal na estrutura do chinês, com o francês instanciando ambos os casos. Raciocínios análogos para o deslocamento coberto de qu- podem ser sustentados com base no comportamento uniforme de elementos interrogativos deslocados e *in situ*, com respeito à possibilidade de ligar um pronome (efeitos de *cross-over* fracos); esta é uma extensão do raciocínio clássico para o deslocamento coberto, em Chomsky (1977: cap. 1). (Ver também Pollock e Poletto [2001]), que reinterpretam certos casos *in situ* aparentes como implicando deslocamento do elemento qu- para a esquerda, seguido de "deslocamento residual" do restante da oração para uma posição ainda mais alta, nos termos da abordagem de Kayne [1994]; e Watanabe [1992], Reinhart [1995], Fox e Nissenbaum [1999] para abordagens alternativas do deslocamento coberto.)

A sintaxe das perguntas já parece bastante uniforme em uma análise superficial. Contudo, outros aspectos da sintaxe parecem, à primeira vista, variar consideravelmente nas diferentes línguas. O que o trabalho dos últimos anos mostra de forma consistente é que, assim que o domínio é estudado em detalhes e com as ferramentas teóricas apropriadas, boa parte da variabilidade desaparece, deixando como resíduo apenas uns poucos parâmetros elementares.

5.2 Advérbios e núcleos funcionais

Um aspecto com respeito ao qual as línguas naturais parecem variar muito está relacionado à posição dos adverbiais. Por exemplo, certos advérbios hierarquicamente baixos intervêm, tipicamente, entre o verbo e o objeto direto em francês e em outras línguas românicas, ao passo que aparecem entre o sujeito e o verbo flexionado, em inglês:

(24) Jean voit souvent Marie
    Jean vê freqüentemente Marie

(25) John often sees Mary
    John freqüentemente vê Mary

Mais uma vez, uma intuição de uniformidade inspirou uma abordagem elegante e abrangente desse problema.

Talvez o advérbio ocupe a mesma posição em ambas as línguas, o que é fortemente sugerido pelo fato de que ele ocorre em uma ordem translingüística fixa relativamente a outros advérbios: deve ser precedido por advérbios de negação como *não*, deve preceder advérbios como *completamente* etc. O que pode variar é a posição do verbo em uma configuração estrutural constante: se a sentença contém uma especificação de T(empo) entre o sujeito e o predicado SV, o verbo, em línguas como o francês, desloca-se para T através do advérbio (dando origem a uma reapresentação como a de (26b), derivada da estrutura subjacente (26a)), ao passo que em inglês ele permanece em sua posição de base (Emonds, 1978; Pollock, 1989) ou sofre apenas um deslocamento mínimo para um núcleo funcional mais baixo (Johnson, 1991):

(26) a. Jean T   [souvent voit Marie]
    b. Jean voit+T [souvent __ Marie]

(27) John T   [often   sees Mary]
     John T   [freqüentemente vê Mary]

Uma vez adotado nos casos simples, esse modo de explicação se estende imediatamente para padrões mais complexos. Por exemplo, o paradigma seguinte mostra que o verbo pode ocupar pelo menos quatro posições distintas em francês, dependendo do fato de ser flexionado ou não e de outras propriedades da construção (as três posições não ocupadas pelo verbo em um exemplo específico são designadas por X):

(28) a. X ne   X pas X complètement   <u>comprendre</u>   la théorie
     (c'est décevant)
     X 'ne' X não X completamente compreender a teoria
     é desapontador

b. X ne X pas <u>comprendre</u> complètement X la théorie
(c'est décevant)

c. X il   ne   <u>comprend</u>   pas X complétement   X la théorie
X ele 'ne' compreende não X completamente X a teoria

d. Ne comprend-il   X pas X complètement X la théorie?
'Ne' compreende ele X não X completamente X a teoria?

Sob a influência da corrente de pesquisa estabelecida pela teoria do movimento do verbo, de Jean-Yves Pollock (Pollock, 1989), todos esses casos são redutíveis a uma única estrutura subjacente, com o verbo lexical SV-interno e adjacente ao objeto direto que ele seleciona, como em (28a). A estrutura clausal é concebida como uma ordem de núcleos funcionais hierarquicamente organizados, sendo as posições indicadas por X em (28). Esses núcleos podem expressar o tempo e outras propriedades da morfossintaxe das orações, tais como a concordância com o sujeito (seguindo a terminologia tradicional, o núcleo em que a concordância se verifica é chamado CONC, mas também pode expressar outras propriedades interpretativas importantes, como modo, se núcleos de concordância "puros" são vedados, como em Chomsky [1995a]) e a força declarativa ou interrogativa no núcleo COMP (complementizador) da periferia esquerda. Um processo geral de deslocamento núcleo a núcleo pode ou deve elevar o verbo a um núcleo funcional mais alto, dependendo de sua configuração morfológica e outras propriedades estruturais:

(29) C il   ne+CONC pas T complètement   comprend   la théorie
C ele 'ne+CONC' não T completamente compreende a teoria

Assim, em francês, um verbo não-finito pode permanecer na posição de núcleo de SV, como em (28a), ou ser deslocado opcionalmente para um núcleo funcional que expresse um tempo mais alto que certos advérbios, como "completamente", porém mais baixo que a negação, como em (28b); para assimilar a morfologia de concordância, um verbo finito deve alçar-se ao núcleo CONC mais alto que a negação, como em (28c) (seguimos aqui a ordenação sustentada em Belletti [1990]); em perguntas, o verbo continua seu trajeto para o próximo núcleo funcional mais alto, o complementizador (COMP), para satisfazer certas exigências de boa formação específicas da construção, como em (28d).

Línguas diferentes exploram de modos diferentes o mecanismo de deslocamento de núcleo: em algumas, nunca se alça o verbo léxico fora do SV (inglês); em outras, elevam-se igualmente os verbos finitos e os não-finitos para núcleos funcionais mais altos (italiano); em outras, explora-se sistematicamente a possibilidade de deslocamento do verbo para COMP em um número maior de casos (línguas V2*) etc. Os padrões são muitos, variando através de construções e línguas. Contudo, todos eles podem ser reduzidos a mecanismos e parâmetros computacionais extremamente elementares: uma estrutura sintagmática composta por núcleos lexicais e funcionais e as projeções frasais destes, o deslocamento núcleo a núcleo (abarcando também diferentes tipos de incorporação, como na abordagem de Mark Baker [1988]), e certos princípios parametrizados determi-

---

* Línguas em que o verbo se posiciona, obrigatoriamente, depois do sujeito (como o alemão, por exemplo). Esse fenômeno é também conhecido como "verb second", ou, literalmente, "verbo em segunda posição". (N. do R.)

nantes das condições morfossintáticas (parcialmente específicas a cada língua) que acionam o deslocamento do núcleo.

Um importante desenvolvimento dessa corrente de pesquisa é a análise sistemática das posições adverbiais feita por Cinque (1999), levando a uma estrita hierarquia universal, que corresponde à hierarquia universal de núcleos funcionais que expressam propriedades de tempo, modo, aspecto e voz. O resultado de Cinque também dá forte sustentação à visão de uma uniformidade translingüística fundamental nesse domínio, até um nível de análise extremamente refinado: as línguas variam quanto à marcação morfológica de propriedades temporais, aspectuais e modais sobre o verbo; todavia, a rica estrutura clausal que expressa essas propriedades e contém as posições adverbiais é estritamente uniforme.

5.3 Argumentos e núcleos funcionais

Visto que esse esquema de explanação é adotado para explicar diversas e sutis propriedades translingüísticas envolvendo posições adverbiais relativamente aos verbos, é natural estendê-lo a tipos de variação mais proeminentes, como a ordem dos verbos em relação aos argumentos, um tema clássico dos estudos tipológicos. Consideremos, por exemplo, a existência de línguas nas quais verbo-sujeito-objeto (VSO) seja o padrão de ordenação dominante, tais como o irlandês e outras línguas celtas (exemplos extraídos de McCloskey [1996]):

(30) a. Cheannaigh siad teach   anuraidh
    Compraram eles uma casa no ano passado

   b. Chuala Roise go minic   an t-amharan sin
    Ouviu Roise muitas vezes esta canção

A existência de línguas VSO tem sido, não raro, considerada um grande enigma teórico. Um objeto direto, em geral, denota uma relação mais íntima com o verbo do que o sujeito, o que dá origem, por exemplo, às freqüentes expressões idiomáticas V–O (esticar as canelas, por exemplo), devido ao fato de o sujeito ocupar uma posição estruturalmente mais alta que o objeto, de modo que o sujeito pode ligar uma reflexiva na posição de objeto, porém não vice-versa etc. Essas propriedades são expressas prontamente pela pressuposição de que o verbo e o objeto formam um constituinte, o SV, que exclui o sujeito, o "argumento externo" de Williams (1981) (ou, nos termos da hipótese do sujeito do SV-interno de Kuroda [1988], Koopman e Sportiche [1991], essas propriedades resultam da pressuposição de que, SV-internamente, o sujeito é mais "alto" que o objeto). Isso pode ser expresso diretamente nas línguas S[VO] e S[OV]; mas o que dizer das línguas VSO? Como podem elas deixar de expressar a assimetria estrutural entre sujeitos e objetos e o nódulo SV? Por adotar o paradigma do deslocamento de núcleo, a ordem VSO é naturalmente receptiva às estruturas SV padrão, com o verbo adjacente ao objeto direto nas representações subjacentes, somando o deslocamento independentemente motivado do verbo para um núcleo funcional mais "alto" (Emonds [1980], McCloskey [1996] e referências ali citadas). Se o núcleo funcional já é preenchido por um verbo funcional autônomo, como o auxiliar em (31b), em galês, o verbo lexical permanece em sua posição SV-interna (ou de algum modo em uma posição inferior à do sujeito; exemplos extraídos de Roberts [2000]):

(31) a. Cana   i   yfory
    Cantarei eu amanhã

b. Bydda i   'n canu   yfory
   Estarei eu cantando amanhã

Mais ou menos na mesma linha, Koopman (1983) analisou as alternâncias na ordem das palavras na língua vatúsi, da África Ocidental (SVO; SFlexOV) em termos de um SV V-final e um SFlex Flex-medial, com deslocamento de V para Flex quando a flexão não é expressa por um auxiliar, determinando a ordem SVO.

Esse modo de explicação foi estendido rapidamente a diferentes famílias de línguas. Um exemplo disso é a análise detalhada da estrutura clausal na língua semítica (Borer, 1995; Shlonsky, 1997). Exemplos desse tipo multiplicam-se facilmente. Até mesmo variações básicas na ordem núcleo-complemento tornaram-se aceitavelmente redutíveis a uma ordem subjacente fixa acrescida de possíveis novos arranjos (por exemplo, OV derivado de VO mais o deslocamento do objeto para a esquerda), análise que é reforçada pela abordagem da Anti-simetria de Kayne (1994).

5.4 Periferia esquerda, SD e outras extensões

Desenvolvimentos análogos foram possíveis na análise das camadas mais altas das estruturas clausais, a periferia esquerda da oração. Diversos fenômenos de inversão em interrogativas principais (inversão sujeito-auxiliar em inglês, inversão sujeito-clítico e inversão complexa em francês etc.; ver diferentes ensaios em Belletti e Rizzi [1996]) eram suscetíveis aos mesmos ingredientes fundamentais: a postulação de uma estrutura essencialmente uniforme em todas as línguas com deslocamento do verbo flexionado para uma posição de núcleo no sistema C e deslocamento do sintagma interrogativo para a posição de especificador; esses casos foram, então, reduzidos a resíduos específicos de construção dentro do fenômeno V2, um processo ainda totalmente ativo nas orações de raiz germânica, com a notável exceção do inglês moderno. O estudo da periferia esquerda também levou a investigações detalhadas sobre a posição dedicada do tópico e do foco (Kiss [1995], Rizzi [1997b], entre muitas outras referências), dos adverbiais antepostos, bem como sobre a posição de vários tipos de operadores da periferia esquerda, mais uma vez levando à descoberta de importantes elementos de uniformidade translingüística.

Uma tendência paralela caracterizou a análise das estruturas nominais com base na hipótese SD. Considerado anteriormente como a projeção do núcleo lexical N, desde meados da década de 80 (ver a dissertação de Abney [1987]), o SN começou a ser visto como o complemento de um núcleo funcional, o determinante D, gerando sua própria projeção, o SD. Estudos subseqüentes (Ritter [1991] e referências nele citadas) enriqueceram ainda mais a estrutura funcional das expressões nominais, com a identificação de várias camadas independentes dominando a projeção lexical SN. O sintagma nominal tornou-se, então, uma entidade estrutural complexa, compartilhando propriedades cruciais com a estrutura funcional da oração. A projeção SD pôde ser vista como a periferia do sintagma nominal, uma zona estrutural paralela à projeção SC no que concerne à oração propriamente dita (Szabolcsi, 1994; Siloni, 1997); projeções funcionais relacionadas à concordância correspondiam ao esqueleto funcional da oração relacionado à concordância. Nota-se um paralelismo significativo entre orações e expressões nominais, incorporando, assim, intuições de uniformidade transcategorial que remontavam à própria origem da gramática transformacional, mas que então eram exprimíveis dentro de um cenário muito mais restrito (ver a abordagem à nominalização de Lee [1960], e a crítica em Chomsky [1970]).

Com base na análise do SD, vários tipos de variação translingüística no sistema nominal encontraram uma interpretação natural: diferentes propriedades distribucionais dos modificadores adjetivais, em diferentes línguas, podiam ser parcialmente relacionadas ao diferente alcance do deslocamento de N, de um modo que se assemelhava significativamente ao estudo das ordens V-Adv na oração como uma função do deslocamento de V. A ordem AN das línguas germânicas e a ordem NA (prevalecente) das línguas românicas com a mesma classe de adjetivos podiam ser parcialmente reduzidas à ausência ou ao menor alcance do deslocamento do N na primeira família de línguas (Cinque, 1996; ver também Longobardi, 1994; Giorgi e Longobardi, 1991):

(32) a. The Italian invasion of Somalia
     A italiana invasão da Somália

   b. L'invasione italiana della Somalia
      A invasão italiana da Somália

(33) [L'[invasione+X [italiana t della Somalia]]]

Se a ordem NA é determinada pelo deslocamento do N para um núcleo funcional intermediário entre N e D (designado por X em (33)), acompanhando linhas similares, a ordem ND de certas línguas (romeno: *portret-ul*, "retrato-o") manifesta plausivelmente um deslocamento adicional do N (como um afixo) até D (ver para discussão Giusti, 1993; Dobrovie-Sorin, 1988).

A hipótese SD também sugere uma análise natural dos clíticos pronominais românicos como SDs carentes de restrição lexical, captando assim a íntima correspondência morfológica com o determinante definido (para

INTRODUÇÃO DOS EDITORES: ALGUNS CONCEITOS E QUESTÕES

clíticos acusativos da terceira pessoa). Construções clíticas, portanto, podem não envolver uma categoria peculiar, específica da língua, mas, antes, propriedades distribucionais especiais (V-parentesco, para os clíticos românicos) de elementos D familiares. Construções com duplicação de clíticos podem implicar a iteração do núcleo D em um SD complexo, terminando com a restrição lexical do SN. Desse modo, pode-se encontrar, para esse domínio notoriamente indócil, uma explicação que seja capaz de abranger tanto a natureza móvel da cliticização (Kayne, 1975; Sportiche, 1998) quanto a ocorrência dupla de um único argumento, um fenômeno que, de outro modo, seria surpreendente (ver, entre outras referências, Belletti, 1999; Uriagereka, 1995; Torrego, 1995).

Já mencionamos a idéia de que a estrutura funcional da oração é fundamentalmente uniforme e que boa parte (e possivelmente a totalidade) da variação observada está relacionada ao grau de realização morfológica da estrutura funcional. Essa abordagem estende efetivamente ao domínio da morfologia verbal a linha de investigação que logrou obter êxito no campo da morfologia de caso há cerca de vinte anos: diferenças aparentemente fundamentais no funcionamento dos sistemas de caso podiam ser abarcadas por sistemas basicamente uniformes de atribuição/verificação de caso, com conseqüências sintáticas invariáveis nas diferentes línguas (isto é, o desencadeamento do deslocamento na passiva, com verbos inacusativos e de alçamento etc.) e com boa parte da variação reduzida à ocorrência morfológica manifesta ou coberta do caso (Vergnaud, 1982). O quadro que surge, então, é o de uma sintaxe fundamentalmente uniforme – com exceção de um conjunto de parâmetros – que se combina com sistemas de morfologia flexional que permitem a variação (com um espectro aparentemente amplo de possíveis paradigmas flexionais, que variam de muito ricos a extremamente pobres, e com a expressão de valores paramétricos para o componente sintático: o deslocamento de sintagmas e núcleos deve ser manifesto ou coberto etc.).

Os estudos empíricos sobre SFlex, SC e SD desvendaram estruturas funcionais extraordinariamente ricas, que completam as projeções lexicais de substantivos e verbos. Iniciada aproximadamente em meados da década de 80, essa descoberta originou, mais recentemente, projetos de pesquisa autônomos – os projetos "cartográficos", cuja meta é desenhar mapas das configurações sintáticas tão detalhados quanto possível. Os resultados da pesquisa cartográfica no final da década de 90 e no trabalho atual (ver, por exemplo, os ensaios coligidos em Cinque, 2001; Belletti, em prep.; Rizzi, em prep.), embora tenham levado a representações sintáticas muito mais ricas que as presumidas alguns anos atrás (com SFlex, SC e SD identificando zonas estruturais complexas em vez de camadas simples), apóiam firmemente a visão da uniformidade essencial das línguas naturais. Por um lado, confirmam a invariância fundamental das hierarquias funcionais, com representações muito mais realísticas e refinadas de configurações sintáticas que o trabalho anterior (de especial relevância com relação a isso são os resultados de Cinque [1999] sobre a estrutura clausal); por outro lado, a complexidade das finas estruturas de orações e sintagmas mostra-se sujeita a um único bloco de construção, a estrutura mínima surgindo da operação fundamental de construção da estrutura, a operação "Concatenar", no sistema de Chomsky (1995a). O léxico funcional mostra-se mais rico do que se presumia anteriormente; contudo, as computações fundamentais para alinhar elementos são rudimentares e uniformes em todas as categorias e línguas.

A descoberta da profundidade e amplitude da uniformidade translingüística tornou possível imaginar a GU como um componente de gramáticas particulares – na verdade, de longe, o componente mais fundamental; reciprocamente, modelos paramétricos introduziram a linguagem técnica apropriada para aperfeiçoar e aprofundar a descoberta da uniformidade translingüística. Assim, o desenvolvimento dos modelos e o aprimoramento da descoberta empírica que os fundamentou prosseguiram de mãos dadas no decorrer dos últimos vinte anos.

6. O Programa Minimalista

6.1 Antecedentes

A abordagem dos Princípios e Parâmetros fornece uma solução potencial para o problema lógico da aquisição de língua, resolvendo ao mesmo tempo a tensão entre adequação descritiva e explanatória: a aquisição de padrões gramaticais muito complexos pode ter origem em princípios inatos e em um processo limitado de seleção entre opções. Desse modo, em certo sentido, as propriedades observadas em uma gramática particular são explicadas, na medida em que são reduzidas a propriedades da GU e a um resíduo limitado. O conjunto de perguntas que surge a seguir diz respeito à própria forma da GU: as propriedades da GU são passíveis de explicação adicional? ou o processo de explanação deve parar aqui, de algum modo, no estado atual de nossa compreensão? Por um lado, é concebível que um entendimento mais profundo do substrato físico da GU possa fornecer mais explicações para a existência de algumas de suas propriedades: poderia muito bem ser que os princípios de organização estrutural e interpretação de expressões lingüísticas tivessem a forma que observamos – e não alguma outra forma imaginável – por causa de alguma necessidade inerente ao *hardware* de computação, ou seja, as estruturas cerebrais pertinentes. Por outro lado, uma exploração detalhada do substrato físico é uma meta distante que aguarda maiores avanços nas neurociências (sem falar na exploração, ainda mais remota, dos fatores embriológicos e genéticos envolvidos) e bem pode exigir a introdução de conceitos inteiramente novos. Importantes descobertas empíricas e inovações conceituais podem ser necessárias para conectar e integrar a modelação funcional e o estudo da computação no nível celular, como é salientado no terceiro capítulo deste livro. Existe alguma avenida a ser percorrida enquanto isso? Aqui as questões minimalistas entram em cena.

Diversos tipos de reflexão sugerem que a linguagem pode ter sido projetada em termos econômicos. Muitos trabalhos na tradição estruturalista já sugeriram que a organização dos inventários lingüísticos obedece a certos princípios econômicos (ver Williams [1997] para uma discussão recente em termos do Princípio de Bloqueio, da idéia saussuriana de que "dans la langue il n'y a que des différences" [na *langue* há apenas diferenças]). Dentro da tradição da gramática gerativa, tentativas de apresentar uma medida de avaliação para escolher entre análises rivais foram sistematicamente baseadas na noção de simplicidade, sendo altamente valorizadas as soluções que envolvem o mínimo de complexidade (o menor número de elementos, o menor número de regras). Reflexos diretos dessas idéias também são encontrados no estudo do desempenho, com tentativas de definir escalas de complexidade baseadas no número de operações computacionais que devem ser executadas (como na "Teoria da Complexidade Derivacional"; ver Fodor, Bever e Garrett [1974] para discussão crítica). Princípios como o "Princípio de Evitação do Pronome" também implicam a escolha da forma mais elementar compatível com a "boa formação" (em particular, pronomes nulos devem ser preferidos a pronomes manifestos, quando disponíveis), uma idéia que tem ligações com a abordagem griceana do bem-sucedido uso conversacional das estruturas lingüísticas. A idéia de "evitar o pronome" foi generalizada mais tarde, dando origem a princípios de economia estrutural (por exemplo, Cardinaletti e Starke, 1999; Giorgi e Pianesi, 1997; Rizzi, 1997b), com o propósito de forçar a escolha da estrutura mínima compatível com a boa formação. A partir de meados da década de 80, princípios de economia representacional e derivacional ultrapassaram a teoria sintática. (Ver também as introduções aos conceitos e técnicas da sintaxe minimalista em Radford, 1997, e Uriagereka, 1998.)

6.2 Economia representacional e derivacional

Quanto ao primeiro tipo, um importante papel foi adquirido pelo princípio de Interpretação Plena, segundo o qual, nos níveis de interface, todo elemento deve ser autorizado por uma interpretação. Desse modo, se os processos computacionais envolvem, em algum nível de representação, a presença de elementos não interpretáveis, estes devem ter desaparecido por meio da Forma Lógica (LF*). Por exemplo, elementos expletivos como *there*, necessário para expressar a posição obrigatória do

---

* LF – *Logical Form*, isto é, "forma lógica". A sigla aqui é mantida como no original, uma vez que FL é usada, nesta obra, como sigla para "faculdade de linguagem". (N do R.)

sujeito em construções como a (34a), não têm um conteúdo referencial e presumivelmente não recebem absolutamente nenhuma interpretação na Forma Lógica; conseqüentemente, devem desaparecer antes que esse nível seja atingido, de acordo com o princípio de Interpretação Plena. Uma abordagem clássica a este problema é a hipótese de que esse expletivo seja substituído pelo sujeito pleno na LF, outro exemplo de deslocamento coberto, produzindo uma representação da LF igual a (34b), que respeita a Interpretação Plena (ver, porém, Williams [1984] e Moro [1990] para uma análise diferente).

(34) a. There came a man
Veio um homem

b. A man came __
Um homem veio __

Essa análise dá conta do fato de que a relação entre o expletivo e o sujeito pleno é local, no mesmo sentido em que os encadeamentos argumentativos o são (por exemplo, a relação entre o sujeito de superfície de uma sentença passiva e seu "vestígio", a posição do objeto vazia na qual o sujeito de superfície é interpretado semanticamente: "John was fired __" [John foi despedido __]; em geral, ambas as relações devem obedecer a restrições locativas, como a Minimalidade Relativizada, sobre a qual ver abaixo): o mesmo tipo de configuração aplica-se à LF em ambos os casos (Chomsky [1986a], com base em observações encontradas em Burzio [1986]).

No nível derivacional, a economia foi expressa por um princípio que afirma que o deslocamento é uma operação feita em último caso: não há nenhum deslocamento "livre", verdadeiramente opcional. Cada prolongamento de uma cadeia deve ser motivado por alguma necessidade computacional. Uma ilustração boa e intuitiva dessa idéia é apresentada pelo deslocamento do verbo para o sistema flexional, que é motivado pela necessidade do verbo de adquirir afixos de tempo, concordância etc., que não constituam palavras independentes. Assim, certos tipos de deslocamento são motivados pela necessidade de expressar a estrutura como uma seqüência de palavras bem formadas e pronunciáveis. Este tipo de conexão entre deslocamento e exigências morfológicas também ajuda a explicar certas generalizações diacrônicas: o inglês perdeu o deslocamento do verbo para o sistema flexional, de modo concomitante a um enfraquecimento radical do paradigma flexional ou logo após esse enfraquecimento (Roberts [1993] e outros trabalhos relacionados). Muitos fatores de complexidade devem ser levados em conta, todavia uma correlação básica entre riqueza flexional e deslocamento do verbo parece manter-se de modo bastante vigoroso, pelo menos nas línguas românicas e germânicas (ver também Vikner [1997] e referências ali citadas).

Uma ilustração direta de deslocamento como último recurso é oferecida pelo padrão de concordância do particípio passado nas línguas românicas. O particípio passado não concorda com um objeto direto não deslocado, em francês, por exemplo, entretanto concorda se o objeto tiver sido deslocado, digamos, em uma construção relativa:

(35) Jean a mis(*e)   la voiture dans le garage
   Jean pôs(*CONC) o carro   na   garagem

(36) La voiture que Jean a mise   dans le garage
   O carro   que Jean pôs+CONC na   garagem

Seguindo a clássica teoria de concordância participial de Kayne (1989), podemos pressupor que a concordância é desencadeada quando o objeto passa por uma posição estruturalmente próxima do particípio passado (tecnicamente, o especificador de um núcleo de concordância associado ao particípio). Assim, a representação cabível deve ser algo como (37), com t e t' como "vestígios" do deslocamento (sobre essa noção, ver abaixo). Agora, a questão é que o objeto direto pode passar por essa posição, porém não pode permanecer ali: o exemplo (38), com o objeto expresso na posição pré-participial, é antigramatical:

(37) La voiture que Jean a t'mise   t dans le garage
     O carro   que Jean pôs+CONC na   garagem
(38) * Jean a   la voiture mise t dans le garage
      Jean tem o carro   posto na   garagem

Por que é assim? Como toda expressão nominal, o objeto direto deve receber um Caso, e, presumivelmente, recebe o Caso acusativo em sua posição canônica de objeto (ou, de qualquer forma, em uma posição inferior à do verbo participial). Desse modo, ele não tem razão para deslocar-se mais, e a construção (38) está excluída devido à "inutilidade" do deslocamento. Por outro lado, em (37) o objeto, como pronome relativo, deve deslocar-se em direção à periferia esquerda da oração, para poder ultrapassar licitamente a posição que aciona a concordância do particípio passado.

A abordagem do deslocamento-como-último-recurso implica que não há deslocamento verdadeiramente opcional. Isso fez com que fosse necessário reanalisar casos aparentes de opcionalidade, levando, com freqüência, à descoberta de sutis diferenças interpretativas. Por exemplo, a chamada "inversão do sujeito" no italiano e em outras línguas de sujeito nulo, analisada anteriormente como um processo inteiramente opcional, demonstra, na verdade, envolver uma necessária interpretação focal do sujeito na posição pós-verbal ou uma interpretação tópica sinalizada por pausa e desacentuação entonacionais (Belletti, 2001):

(39) a. Maria me lo ha detto
Maria me disse isso

b. Me lo ha detto Maria
Disse-me isso Maria(+Foc)

c. Me lo ha detto, Maria
Disse-me isso, Maria(+Top)

6.3 Traços ininterpretáveis

A economia derivacional e a representacional uniram-se na idéia de que o deslocamento sintático é sempre acionado pela meta de eliminar elementos e propriedades ininterpretáveis. Uma especificação considerada tipicamente ininterpretável é o Caso estrutural (nominativo e acusativo): um elemento que portador do Caso nominativo em inglês pode ser portador de qualquer papel temático (Agente, Beneficiário, Experienciador, Paciente/Tema), e mesmo de papel nenhum, como em (40e):

(40) a. He invited Mary
Ele convidou Mary

b. He got the prize
Ele ganhou o prêmio

c. He saw Mary
Ele viu Mary

d. She was invited/seen by John
Ela foi convidada/vista por John

e. There was a snowstorm
Houve uma nevasca

O Acusativo é igualmente cego em relação a propriedades temáticas interpretativas:

(41) a. I expected [him to invite Mary]
   Eu esperava [que ele convidasse Mary]

   b. I expected [him to get the prize]
   Eu esperava [que ele ganhasse o prêmio]

   c. I expected [him to see Mary]
   Eu esperava [que ele visse Mary]

   d. I expected [her to be invited/seen by John]
   Eu esperava [que ela fosse convidada/vista por John]

   e. I expected [there to be a snowstorm]
   Eu esperava [que houvesse uma nevasca]

Outros tipos de Caso – Casos inerentes – estão ligados a interpretações temáticas específicas: em línguas com ricos sistemas de Caso, um argumento marcado pelo Caso locativo designa uma localidade etc., contudo o nominativo e o acusativo parecem ser cegos em termos temáticos: nesse sentido são considerados ininterpretáveis (línguas que permitem sujeitos com Caso oblíquo, os chamados "quirky subjects", aparentemente permitem que nominais compartilhem ambos os tipos de propriedade de Caso: Zaenen, Maling e Thrainsson [1985], Bobaljik e Jonas [1996], Jonas [1996], Bobaljik [1995], Sigurdsson [2000] e referências ali citadas).

Outra especificação de traço considerada ininterpretável é a especificação gramatical de pessoa, número e gênero (e outras especificações análogas, como a de classe nas línguas banto), que aparece em predicados, como, no seguinte exemplo italiano:

(42) La ragazza   è   stata   vista
   The girl FS3P   hasS3P beenFS seenFS
   A   moça FS3P temS3P sidoFS vistaFS

A especificação de gênero, número e (por falta) pessoa na locução substantiva *la ragazza* em (42) tem uma implicação interpretativa óbvia. Contudo, essa especificação no predicado (reiterada no auxiliar aspectual flexionado, no auxiliar da passiva e no particípio passado da passiva em italiano) é redundante e, como tal, considerada não interpretável: sistemas externos, ao interpretar estruturas lingüísticas, certamente quererão saber se a sentença está falando sobre uma moça ou muitas moças; mas a reiteração dessa informação no predicado não parece acrescentar nada que possa afetar a interpretação. Com efeito, predicados que não reiteram a especificação de traço do sujeito em estruturas não-finitas ou em línguas mais pobres em termos morfológicos são perfeitamente interpretáveis. (Em alguns casos, a especificação de concordância parece ter conseqüências para a interpretação, como foi sustentado para o caso da concordância participial em francês discutida acima [Obenauer, 1994; Déprez, 1998]; isso, todavia, pode ser um efeito indireto da teoria da reconstrução [Rizzi, 2001b])

Neste sistema, o deslocamento é visto como um meio de eliminar traços ininterpretáveis. Por exemplo, o deslocamento de um objeto direto para a posição de sujeito tem o efeito de colocá-lo em um ambiente local no qual o traço de Caso ininterpretável pode ser bloqueado pelo núcleo flexional concordante, operação que, simultaneamente, bloqueia os traços de concordância ininterpretáveis com base no núcleo flexional. O bloqueio de um traço corresponde à sua eliminação do caminho derivacional que leva à computação da Forma Lógica. Assim, o deslocamento é o último recurso, visto que deve ser motivado pelo objetivo de eliminar traços ininterpretáveis, eliminação que, por sua vez, torna possível satisfazer a condição de Interpretação Plena nas representações de interface (Chomsky, 1995a). Um elemento que sofre deslocamento deve ter uma motivação interna para ser deslocado, uma especificação de traço ininterpretável a ser eliminada. Por exemplo, voltando à construção francesa (36), o objeto não pode ser deslocado, pois tem seu Caso acusativo ininterpretável já bloqueado em sua posição de base (ou, seja como for, em uma posição inferior à do especificador participial) e não há outro traço que possa torná-lo "ativo", isto é, disponível para um deslocamento adicional. No caso de o objeto precisar sofrer um deslocamento adicional – por exemplo, em direção ao complementizador relativo, como em (37) –, ele será portador de todos os traços envolvidos no deslocamento periférico esquerdo neste sistema (Grewendorf, 2001), o que o tornará um candidato satisfatório para o deslocamento.

A despeito de seu aspecto teleológico, o princípio do deslocamento como último recurso pode ser implementado de modo muito elementar, tomando somente decisões locais e não exigindo procedimentos complexos em termos computacionais, como comparações transderivacionais, *look-ahead* e similares (sobre economia localista, ver Collins [1997]). Um caso distinto – porém relacionado – de limitação de deslocamento imposta por considerações econômicas é a proposição (Chomsky, 1995a, 2000a, 2001a) de que a operação Concatenar – operação fundamental de construção de estruturas – bloqueia o deslocamento sempre que ambas as operações são próprias para satisfazer necessidades computacionais. Um caso que ilustra esse ponto é a distribuição peculiar de nominais em construções expletivas. A construção expletiva (43a) sugere que o elemento nominal *a man* [um homem] é introduzido primeiramente na estrutura como sujeito do locativo *in the garden* [no jardim], funcionando como predicado: se nenhum expletivo for selecionado, o elemento nominal será deslocado para a posição do sujeito da cópula, caso contrário, o expletivo é inserido:

(43) a. There is [a man in the garden]
    Há [um homem no jardim]

   b. A man is [t in the garden]
    Um homem está [no jardim]

Agora, em uma estrutura mais complexa que envolva um verbo de alçamento mais "alto", como (44a), surge a seguinte restrição peculiar: ou nenhum expletivo é selecionado e o nominal é movimentado em direção à posição de sujeito do verbo de alçamento mais "alto" (como em (44b)); ou um expletivo já está embutido na oração encaixada e então é elevado (como em (44c)); a opção *a priori* remanescente – (44d) –, com o nominal deslocado para a posição de sujeito encaixado e o expletivo inserido na posição de sujeito principal, é excluída:

(44) a. __ seems   [__ to be   [a man in the garden]]]
        __ parece   [__ haver   [um homem no jardim]]]

   b. A man seems   [t' to be   [t in the garden]]]
      Um homem parece [estar   [no jardim]]]

   c. There seems   [t   to be   [a man in the garden]]]
      Parece   [haver   [um homem no jardim]]]

   d.* There seems   [a man to be [t in the garden]]]
       Parece   [um homem estar [no jardim]]]

Parece que, se um expletivo é selecionado, deve ser inserido assim que possível: a estrutura (44d), envolvendo deslocamento parcial do nominal e então a inserção do expletivo, está excluída. Por que é assim? Uma explicação simples desse paradigma é oferecida pela pressuposição de que a concatenação é menos custosa que o movimento, de modo que, em (44a), se um expletivo tiver sido escolhido, a opção de concatená-lo como sujeito de *be* [haver] bloqueará a opção de mover *a man* [um homem] para essa posição (Chomsky [2000]; ver também Belletti [1988], Lasnik [1992], para análises alternativas em termos das exigências de Caso do nominal, e Moro [1990] para uma análise baseada na idéia de que o expletivo é um pró-predicado).

6.4 Localidade

No contexto da lingüística formal moderna, o estudo da localidade é uma diretriz de pesquisa independente e importante, que aponta para o papel da economia na configuração da linguagem. Se não houver nenhum limite superior para a extensão e a profundidade das expressões lingüísticas, como conseqüência da natureza recursiva da sintaxe da linguagem natural, um núcleo de processos e relações computacionais será fundamentalmente local, isto é, só poderá ter lugar dentro de uma porção limitada de uma estrutura. A localidade pode ser razoavelmente interpretada como um princípio de economia, porque limita a quantidade de estrutura a ser computada em uma única aplicação de um processo computacional local, contribuindo assim para reduzir a complexidade das computações lingüísticas. Por exemplo, o princípio de localidade conhecido como Subjacência, mencionado em conexão com a introdução do conceito de parâmetros (ver acima), limita a procura do alvo do movimento para a porção da estrutura contida dentro de dois nódulos de ligação adjacentes (Chomsky, 1973, 1986b). A subjacência unifica, em um único enunciado formal, grande parte do trabalho clássico sobre Restrições de Ilha (Ross, 1967, 1986); seus efeitos agora podem ser classificados, permanecendo totalmente desenvolvidos e implementados, segundo a Condição de Impenetrabilidade da Fase. Esse princípio – que pressupõe que as derivações ocorrem em "fases" distintas, correspondendo à computação de categorias clausais maiores (SV e SC) – afirma que apenas a extremidade de uma fase (seu especificador e seu núcleo) é acessível a operações que ocorrem em fases mais altas (Chomsky, 2000a, 2001a). Conseqüentemente, em uma fase mais alta, um processo computacional não pode examinar com muita profundidade uma fase mais baixa.

A Minimalidade Relativizada é outro princípio de localidade que limita a procura do estado estável de uma relação local ao mais próximo portador potencial dessa relação (Rizzi, 1990). Considere a seguinte configuração:

(45) ... X ... Z ... Y ...

Segundo esse princípio, uma relação local não poderá ser mantida entre X e Y se houver um elemento de interferência Z que seja do mesmo tipo estrutural de X, de modo que Z, de alguma forma, tenha o potencial de entrar na relação local com Y (existe aqui uma clara semelhança de família com os princípios de "distância mínima" para controle – Rosenbaum [1967] – e outras idéias análogas para ligação anafórica). Portanto, relações locais devem ser satisfeitas no menor ambiente em que possam ser satisfeitas; a porção de estrutura a ser lida (*scanned*) na computação de uma relação local é restringida de modo correspondente. Consideremos novamente a impossibilidade de extrair um adjunto de uma pergunta indireta:

(46) * How do you wonder [who   solved   the problem t]
    Como você imagina [quem resolveu o   problema]

De acordo com a Minimalidade Relativizada, *how* [como] não pode ser conectado localmente a seu vestígio t, devido à intervenção de outro elemento qu- no complementizador encaixado, um elemento do mesmo tipo estrutural de *how* [como] (tanto na tipologia rudimentar de posições que distingue entre especificadores A e especificadores A', quanto na tipologia baseada nos traços, mais sofisticada, de Rizzi [2001a]), de modo que a relação antecedente-vestígio falha neste ambiente e a estrutura não pode ser interpretada adequadamente. Esse modo de explanação foi estendido à análise de todas as Ilhas Fracas, ambientes que barram seletivamente a extratibilidade de certos tipos de elementos, basicamente ao longo da linha argumento/adjunto (ver Szabolesi [1999] para uma avaliação). Considere o acentuado contraste entre os seguintes exemplos em italiano:

(47) a. Quale problema   non sai   come risolvere t t'?
      Qual   problema você não sabe como resolver   t t'?

  b. * Come   non sai   quale problema risolvere t t'?
      Como você não sabe qual   problema resolver   t t'?

Sobre os fatores que determinam a extratibilidade seletiva desde Ilhas Fracas, em aparente violação da Minimalidade Relativizada, ver as abordagens em Rizzi (1990, 2001a, 2001b), Cinque (1990), Manzini (1992), Starke (2001). A formulação original da Minimalidade Relativizada é representacional: uma relação local falha em LF em uma configuração igual à (45); Chomsky (1995a, 2000a) oferece formulações derivacionais em termos da Condição Mínima de Ligação para a operação Atração, e de localidade para a operação Concordância; ver também Rizzi (2001b), sobre a questão derivacional/representacional.

6.5 A teoria dos vestígios como cópias

Todas as correntes de pesquisa mencionadas nas seções anteriores sugerem que a configuração da linguagem é sensível a princípios de economia e bem adaptada para fazer com que as computações lingüísticas sejam simples e sem percalços. Quão longe essas observações podem levar? O Programa Minimalista persegue essa pergunta explorando a tese mais forte que pode ser vislumbrada: é possível que a língua seja um sistema otimamente configurado, dados certos critérios? A necessidade mínima que as computações lingüísticas devem satisfazer é conectar representações de interface, representações por meio das quais a faculdade de linguagem "fala" com outros componentes da mente: Forma Fonética – que conecta a linguagem aos sistemas sensório-motores da percepção e da articulação – e Forma Lógica – que conecta a linguagem aos sistemas do pensamento, responsáveis pela formulação de conceitos e intenções. Assim sendo, é possível que a linguagem seja um sistema otimamente configurado para conectar representações legíveis pelos sistemas sensório-motor e do pensamento?

A difícil tarefa que o Programa Minimalista introduziu na agenda da pesquisa foi a de revisar todos os resultados alcançados no estudo da Gramática Universal, para verificar se eles podem ser reconstruídos de modo que satisfaçam as exigências minimalistas. Em alguns casos, foi possível mostrar que a adoção de um conjunto mais "mínimo" de pressupostos pode até mesmo melhorar a adequação empírica da análise. Um exemplo importante é a teoria dos vestígios como cópias e a explicação que ela oferece para efeitos de reconstrução. Considere as seguintes sentenças:

(48) a. Which picture of himself does John prefer t?
    Qual retrato de si mesmo João prefere?
  b. * Which picture of John does he prefer t?
    Qual retrato de John ele prefere?

(48a) está bem com a anáfora *himself* [si mesmo] ligada por *John*, e (48b) não permite co-referencialidade entre John e *he* [ele] (a sentença, naturalmente, é possível se *he* [ele] se referir a um indivíduo diferente, mencionado em um discurso prévio). Ambas as propriedades, entretanto, são algo inesperadas: elementos anafóricos como o reflexivo *himself* [si mesmo] devem estar no domínio de seus antecedentes (c-comandados por estes). Se isso não acontecer, como em (49a), a estrutura é excluída. Reciprocamente, um nome e um pronome estão livres para apresentar co-referencialidade se o nome não estiver no domínio do pronome, como em (49b):

(49) a. * This picture of himself demonstrates that John is really sick
    Este retrato dele demonstra que John está realmente doente
  b. This picture of John demonstrates that he is really sick
    Este retrato de John demonstra que ele está realmente doente

Por que será que obtemos juízos opostos em (48)? O que parece acontecer é que, em configurações desse tipo, com um sintagma complexo deslocado para a frente, a computação mental do princípio de ligação ocorre como se o sintagma estivesse na posição de seu vestígio, sem ter se deslocado em absoluto: de fato, os juízos em (48) são os mesmos que obtemos com os sintagmas não deslocados:

(50) a. John prefers [this picture of himself]
John prefere [este retrato de si mesmo]

b. * He prefers [this picture of John]
Ele prefere [este retrato de John]

Esse é o fenômeno chamado "reconstrução": um sintagma deslocado comporta-se, em certos aspectos, como se estivesse na mesma posição de seu vestígio. Propostas anteriores envolviam uma operação de "pôr de volta" o sintagma deslocado na posição de seu vestígio, na computação de LF; ou então uma computação mais complexa de relações de c-comando no ambiente em pauta (Barss, 1986). Realmente, ressalta Chomsky no primeiro texto minimalista (Chomsky, 1993), a solução surge imediatamente se recuamos até os ingredientes básicos da operação de deslocamento. Mover o sintagma envolve copiá-lo para uma posição mais alta e depois suprimir a ocorrência original. Suponhamos que, em vez de ser suprimida, a ocorrência original simplesmente deixe de ser pronunciada, ficando sem conteúdo fonético, porém visível para operações computacionais abstratas. Dessa maneira, a representação de (49) é a seguinte (as ocorrências originais não pronunciadas estão dentro de colchetes angulares):

(51) a. Which picture of himself does John prefer <which picture of himself>
Que retrato de si mesmo John prefere <que retrato de si mesmo>

b. Which picture of John does he prefer <which picture of John>
Que retrato de John ele prefere <que retrato de John>

Os princípios de ligação aplicam-se a essas representações mais ricas, dando o resultado certo: em (51a), a anáfora está vinculada pelo nome; e em (51b), o nome não pode estabelecer uma relação de co-referencialidade com o pronome c-comandante. Nenhuma teoria complexa de reconstrução se faz necessária, e o resultado empiricamente correto é atingido, simplesmente, retrocedendo-se na trajetória do "movimento", até seus componentes computacionais elementares (sobre os ajustes necessários à obtenção, em LF, de estruturas apropriadas com operador variável, ver Chomsky [1993], Fox [2000], Rizzi [2001b]; sobre o fato de que é aparentemente suficiente ligar apenas uma ocorrência da anáfora em (51a), ver as referências que acabamos de citar, bem como a discussão em Belletti e Rizzi [1988]; sobre as diferenças entre o comportamento dos argumentos e o dos adjuntos na reconstrução, ver Lelbeaux [1988]).

Há outros casos de padrões empíricos complexos, não tão facilmente redutíveis a princípios computacionais elementares e suas interações. Não obstante, a bem-sucedida redução da teoria da reconstrução é indicativa de um modo de explanação que pode ser generalizado para outros domínios da faculdade de linguagem.

Na medida em que a questão minimalista fundamental possa ser respondida positivamente, grandes porções da GU, determinadas em décadas de estudos empíricos, podem ser submetidas a um nível de explanação mais avançado, o qual, por sua vez, pode orientar investigações ulteriores sobre sistemas cognitivos adjacentes e estabelecer condições mais exatas para futuras tentativas de unificação com as neurociências.

CAPÍTULO 2
PERSPECTIVAS SOBRE
A LINGUAGEM E A MENTE*

O mais apropriado seria começar com algumas considerações do mestre, que não nos desaponta, embora os tópicos que desejo discutir estejam longe de suas preocupações primárias. Galileu pode ter sido o primeiro a reconhecer claramente o significado da propriedade central, e uma das mais distintivas, da linguagem humana: o uso de meios finitos para expressar uma vastidão ilimitada de pensamentos. Em seu *Diálogo*, ele descreve com admiração a descoberta de um meio para comunicar nossos "pensamentos mais secretos a qualquer outra pessoa (...) com uma dificuldade não maior que aquela representada pelas várias colocações dos vinte e quatro caracteres sobre um papel". Essa é a maior das invenções humanas, ele escreve, comparável às criações de Michelangelo – de quem o próprio Galileu era uma verdadeira reencarnação, de acordo com a mitologia construída por seu discípulo e biógrafo Viviani, comemorada na imagem

---

* Conferência sobre Galileu, Scuola Normale Superiore, Pisa, outubro de 1999.

kantiana da reencarnação de Michelangelo em Newton por intermédio de Galileu.

Galileu referia-se à escrita alfabética, mas a invenção teve êxito porque reflete a natureza da linguagem que os pequenos caracteres são usados para representar. Logo após a morte de Galileu, os filósofos gramáticos de Port Royal deram um passo adiante referindo-se à "maravilhosa invenção" de um meio para construir, "a partir de vinte e cinco ou trinta sons, aquela infinidade de expressões que não têm qualquer semelhança com o que ocorre em nossas mentes e, todavia, nos tornam capazes de revelar [aos outros] tudo o que pensamos e todos os vários movimentos de nossa alma". A "infinidade de expressões" é uma forma de infinitude discreta, semelhante àquela dos números naturais. Os teóricos de Port Royal perceberam que "a maravilhosa invenção" deveria ser o tópico central do estudo da linguagem e perseguiram essa intuição de modos originais, desenvolvendo e aplicando idéias que se tornaram tópicos de investigação somente muito mais tarde. Algumas foram revividas e reformuladas no conceito de *Sinn* e *Bedeutung* de Frege, outras, nas gramaticas transformacionais e de estrutura sintagmática, da última parte do século XX. De um ponto de vista contemporâneo, o termo "invenção", naturalmente, não tem lugar; mas a propriedade central da linguagem, que Galileu e seus sucessores identificaram, não é menos "maravilhosa" como produto da evolução biológica, ocorrendo de modos que vão muito além do entendimento atual.

A mesma propriedade da linguagem humana – e seu aparente isolamento biológico – também intrigaram Charles Darwin quando ele voltou sua atenção para a evolução humana. Em sua obra *Descent of Man* [*Origem do homem*], Darwin escreveu que, com respeito ao entendimento da linguagem, os cães parecem estar "no mesmo estádio de desenvolvimento" que as crianças de um ano de idade, "as quais entendem muitas palavras e sentenças curtas, mas ainda não conseguem pronunciar nenhuma palavra". Existe apenas uma diferença entre os humanos e outros animais nesse aspecto, afirmava Darwin: "O homem difere apenas em seu poder quase infinitamente maior de associar os mais diversos sons e idéias." Essa "associação de sons e idéias" é a "maravilhosa invenção" dos comentadores do século XVII, a qual Darwin esperava que, de algum modo, fosse incorporada à teoria da evolução.

À teoria da *evolução*, não necessariamente aos desígnios da seleção natural; e certamente não apenas a estes, visto que, trivialmente, eles operam em um "canal" físico, cujos efeitos devem ser descobertos, não estipulados. Merece também ser lembrado que Darwin rejeitou com firmeza o hiperselecionismo de Alfred Russel Wallace, seu colaborador íntimo – teoria que foi revivida em algumas versões populares contemporâneas do chamado "neodarwinismo". Darwin enfatizou repetidamente sua convicção "de que a seleção natural foi o principal meio de modificação, mas não o único", observando explicitamente toda uma gama de possibilidades – entre as quais se incluem as modificações não adaptativas e funções não selecionadas determinadas a partir da estrutura, todas elas tópicos vivos na teoria da evolução contemporânea.

O interesse pela natureza e pelas origens da "maravilhosa invenção" leva à investigação do componente do cérebro humano que é responsável por essas conquistas únicas e realmente admiráveis. Esse órgão da linguagem, ou "faculdade de linguagem", como podemos chamá-la, é uma posse humana comum, pouco variando de um extremo ao outro da espécie, com exceção de patologias muito sérias. Por meio do amadurecimento e da interação com o ambiente, a faculdade de linguagem, comum a todos os seres humanos, assume um ou outro estado, estabilizando-se aparentemente em vários estádios e finalmente perto da puberdade. Um estado atingido por essa faculdade lembra o que é chamado, coloquialmente, de "língua", porém apenas parcialmente: já não ficamos surpresos quando noções do senso comum não encontram lugar no esforço de entendimento e explicação dos fenômenos com que lidam ao seu próprio modo. Essa é outra conquista da revolução galileana, agora admitida nas ciências exatas, todavia ainda considerada controvertida – impropriamente, em minha opinião – fora delas.

A língua interna, no sentido técnico, é um estado da faculdade de linguagem. Cada língua interna tem os meios de construir objetos mentais que usamos para expressar nossos pensamentos e para interpretar a ilimitada seqüência de expressões manifestas que encontramos. Cada um desses objetos mentais relaciona som e sentido de uma forma estruturada específica. Um entendimento claro de como um mecanismo finito pode construir uma infinidade de objetos foi conseguido no século XX, atuando nas ciências formais. Essas descobertas tornaram possível tratar de modo explícito a tarefa identificada por Galileu, pelos teóricos de Port Royal, por Darwin e alguns outros – poucos e esparsos, tanto quanto fui capaz de descobrir. Durante o último meio século, boa parte do estudo da linguagem foi dedicada à investigação desses mecanismos – chamados "gramáticas gerativas" no estudo da linguagem –, uma importante inovação na longa e rica história da lingüística, embora, como sempre, haja precedentes, neste caso remontando à Índia antiga.

A formulação de Darwin é enganosa em vários aspectos. Entende-se atualmente que as conquistas lingüísticas das crianças vão muito além das que Darwin lhes atribuía, e que organismos não humanos não têm nada de semelhante às capacidades lingüísticas presumidas por ele. Além disso, associação não é o conceito apropriado. E sua expressão "difere apenas" certamente não é apropriada, embora "primordialmente" pudesse ser defensável: a propriedade de infinitude discreta é somente uma das muitas diferenças essenciais entre a linguagem humana e os sistemas animais de comunicação ou expressão, o que implica outros sistemas biológicos de modo bastante geral. E, obviamente, a expressão "quase infinito" deve ser entendida com o significado de "ilimitado", isto é, "infinito" no sentido pertinente.

O raciocínio de Darwin, não obstante, está basicamente correto. Ao que parece, características essenciais da linguagem humana – como o uso discreto-infinito de meios finitos que intrigou Darwin e seus eminentes predecessores – estão isoladas em termos biológicos e são um desenvolvimento muito recente na evolução humana, milhões de anos depois de nossa separação dos parentes remanescentes mais próximos. Além do mais, a "maravilhosa invenção" devia estar presente em Darwin quando ele tinha um ano de idade. Na verdade, estava no embrião, mesmo que ainda não tivesse se manifestado, da mesma maneira que a capacidade de visão binocular, ou de entrar na puberdade, é parte do patrimônio genético, ainda que se manifeste apenas em um estádio específico de amadurecimento e sob condições ambientais apropriadas. Da mesma forma, conclusões semelhantes parecem altamente plausíveis no caso de outros aspectos de nossa natureza mental.

O conceito de natureza mental passou por uma importante revisão na era galileana. Foi formulado de um modo novo, em termos bastante claros – e acho que pode ser afirmado, pela última vez, que este conceito logo caiu por terra e nada o substituiu desde então. O conceito de mente foi moldado em termos do que foi chamado de "filosofia mecânica", a idéia de que o mundo natural é uma máquina complexa que, em princípio, poderia ser construída por um artesão hábil. "O mundo era meramente um conjunto de máquinas arquimedianas conectadas umas às outras", observa Peter Machamer, estudioso de Galileu, "ou um conjunto de corpúsculos colidentes que obedeciam às leis da colisão mecânica." O mundo seria algo semelhante aos intrincados relógios e demais autômatos que excitavam a imaginação científica daquela era, assim como fazem os computadores atualmente – e a troca, em um sentido importante, não é fundamental, conforme demonstrou Alan Turing sessenta anos atrás.

Dentro do quadro da filosofia mecânica, Descartes desenvolveu sua teoria da mente e do dualismo mente-corpo, que é ainda o *locus classicus* de grande parte da discussão sobre nossa natureza mental (um sério equívoco, acredito). O próprio Descartes buscou um caminho racional. Procurou demonstrar que o mundo inorgânico e o orgânico podiam ser explicados em termos da filosofia mecânica. Argumentou, entretanto, que os aspectos fundamentais da natureza humana escapavam dessas fronteiras e não podiam ser acomodados nesses termos. Seu exemplo principal foi a linguagem humana: em particular, essa "maravilhosa invenção" de meios para expressar nossos pensamentos de novas e ilimitadas maneiras, que estão restritas à nossa constituição corporal, mas não são determinadas por ela; que são apropriadas para determinadas situações, porém não são causadas por elas, uma distinção crucial; e que evocam, nos outros, pensamentos que eles poderiam ter expressado de modo semelhante –

um conjunto de propriedades a que podemos chamar "uso criativo da linguagem".

Descartes afirmou, de um modo mais geral, que o "livre-arbítrio é em si mesmo a coisa mais nobre que podemos ter" e a única coisa que "verdadeiramente pertence" a nós. Conforme expressaram os discípulos de Descartes, os seres humanos são apenas "incitados e inclinados" a agir de certos modos, não "compelidos" (e tampouco agem de modo aleatório). A esse respeito, são diferentes das máquinas, categoria que, segundo sustentam, inclui todo o mundo não-humano.

Para os cartesianos em geral, o "aspecto criativo" do uso comum da linguagem era a ilustração mais notável de nosso dom mais valioso. Ele tem por base principalmente a "maravilhosa invenção", os mecanismos responsáveis pelo fornecimento da "infinidade de expressões" para expressar nossos pensamentos e para entender outras pessoas, embora se baseie em muito mais que isso.

Que nós mesmos temos essas valiosas qualidades de mente, isso nós sabemos por reflexão; se as atribuímos aos outros no modelo cartesiano, fazemo-lo apenas sob o argumento da "melhor teoria", como se costuma dizer: somente desse modo podemos lidar com o problema de "outras mentes". Corpo e mente são duas substâncias – uma delas, substância estendida; a outra, substância de pensamento, *res cogitans*. A primeira pertence ao campo da filosofia mecânica; a última, não.

Adotando a filosofia mecânica, "Galileu forjou um novo modelo de inteligibilidade para o entendimento humano", afirma Machamer de modo plausível, com "novos critérios para explicações coerentes dos fenômenos naturais", baseados na imagem do mundo como uma máquina elaborada. Para Galileu (e figuras proeminentes do início da revolução científica moderna de modo geral), o verdadeiro entendimento requer um modelo mecânico, um dispositivo que um artesão pudesse construir. Assim, ele rejeitou as teorias tradicionais das marés, sob a alegação de não podermos "reproduzi-las por meio de instrumentos artificiais apropriados".

O modelo galileano de inteligibilidade tem um corolário: quando o mecanismo falha, o entendimento falha. As aparentes inadequações da explicação mecânica para coesão, atração e outros fenômenos, finalmente, levaram Galileu a rejeitar "a vã presunção de entender tudo". Pior ainda, "não há um único efeito na natureza (...) tal que o mais engenhoso teórico possa chegar a um completo entendimento dele". Com relação à mente, o modelo galileano falha claramente, como demonstrou Descartes de modo convincente. Embora muito mais otimista que Galileu a respeito das expectativas referentes à explicação mecânica, Descartes, não obstante, especulou que as obras da *res cogitans* podem estar além do entendimento humano. Ele achava que podemos não "ter inteligência suficiente" para entender o aspecto criativo do uso da linguagem, assim como outras manifestações da mente, embora "não haja nada que compreendamos de maneira mais clara e perfeita" do que nossa posse dessas capacidades, e "seria absurdo duvidar daquilo que experimentamos e percebemos intimamente como existente dentro de nós mesmos, apenas porque não compreendemos uma questão que, por sua própria natureza, sabemos ser incompreensível". Ele vai longe demais quando diz que "sabemos" que a questão é incompreensível. Todavia, qualquer pessoa comprometida com a crença de que os humanos são organismos biológicos, e não anjos, reconhecerá que a inteligência humana tem alcance e limites específicos, e que boa parte do que procuramos entender poderá estar além desses limites.

O fato de que o *res cogitans* escapa do modelo de inteligibilidade que animou a revolução científica moderna é interessante, mas não muito importante. A razão é que o modelo inteiro logo entrou em colapso, confirmando os piores temores de Galileu. Para seu desalento, Newton demonstrou que nada na natureza se encaixa no modelo mecânico de inteligibilidade que parecia ser do mais simples senso comum para os criadores da ciência moderna. Newton considerou sua descoberta da ação à distância – em violação aos princípios básicos da filosofia mecânica – "um Absurdo tão grande, que acredito que nenhum Homem que tenha, em questões filosóficas, uma competente faculdade de pensar possa jamais aprová-la". Não obstante, foi forçado a concluir que o Absurdo "realmente existe". Conforme observaram dois estudiosos contemporâneos, "Newton não tinha absolutamente nenhuma explicação física para isso", um problema profundo para ele, bem como para eminentes contemporâneos que "o acusaram de reintroduzir qualidades ocultas", sem "'nenhum substrato material, físico" que "seres humanos possam entender" (Betty Dobbs e Margareth Jacob). Nas palavras de Alexandre Koyré, um dos fundadores dos estudos galileanos modernos, Newton demonstrou que "uma física puramente materialista ou mecanista" é "impossível".

Já no fim de sua vida, Newton procurou escapar do absurdo, como fez Euler, D'Alembert e muitos desde então, porém inutilmente. Nada diminuiu a força do juízo de David Hume, segundo o qual, refutando a filosofia mecânica auto-evidente, Newton "devolveu os segredos definitivos da natureza àquela obscuridade em que sempre permaneceram e sempre permanecerão". Descobertas posteriores, introduzindo "Absurdos" ainda mais extremos, apenas enraizaram mais profundamente a percepção de que o mundo natural não é compreensível para a inteligência humana, pelo menos no sentido previsto pelos fundadores da ciência moderna.

Embora reconhecendo o Absurdo, Newton defendeu-se vigorosamente das críticas dos cientistas continentais – Huygens, Leibniz e outros –, que o acusaram de reintroduzir "qualidades ocultas" dos menosprezados filósofos escolásticos. As qualidades ocultas dos aristotélicos eram vazias, Newton escreveu, contudo seus novos princípios, ainda que infelizmente ocultos, tinham, não obstante, conteúdo real. "Derivar, dos fenômenos, dois ou três princípios gerais de movimento e depois dizer como as propriedades e ações de todas as coisas corpóreas provêm desses princípios manifestos seria um grande passo para a filosofia", escreveu Newton, "muito embora as causas desses princípios ainda não tenham sido descobertas." Newton estava formulando um modelo novo e mais fraco de inteligibilidade, um modelo com raízes no que foi chamado de "ceticismo mitigado" da tradição científica britânica, que abandonou, como vã, a busca das "primeiras origens dos movimentos naturais" e outros fenômenos naturais, atendo-se ao esforço muito mais modesto de desenvolver a melhor explicação teórica possível.

As implicações para a teoria da mente foram imediatas, além de imediatamente reconhecidas. O dualismo mente-corpo já não se sustenta, pois não há nenhuma noção de corpo. É comum, atualmente, ridicularizar o "fantasma na máquina" de Descartes e falar do "erro de Descartes" ao postular uma segunda substância: mente, distinta de corpo. É verdade que ficou provado que Descartes estava errado, contudo não por essas razões. Newton exorcizou a máquina, mas deixou o fantasma intato. Foi a primeira substância, a matéria extensa, que se dissolveu em mistérios. Podemos falar inteligivelmente de fenômenos *físicos* (processos etc.) como falamos da verdade *real* ou do mundo *real*, mas sem supor que há alguma outra verdade ou mundo. Para as ciências naturais, o mundo tem aspectos mentais, juntamente com aspectos ópticos, químicos, orgânicos e outros. As categorias não precisam ser fixas ou distintas, ou estarem de acordo com a intuição do senso comum (padrão que a ciência finalmente abandonou com as descobertas de Newton, juntamente com a exigência de "inteligibilidade", conforme concebida por Galileu e pela ciência moderna dos primeiros tempos, de modo bastante geral).

Segundo essa visão, os aspectos mentais do mundo harmonizam-se com o resto da natureza. Galileu havia afirmado que "no momento, precisamos apenas (...) investigar e demonstrar certas propriedades do movimento acelerado", deixando de lado a questão da "causa da aceleração do movimento natural". Depois de Newton, o princípio norteador foi estendido a todas as ciências. O químico inglês Joseph Black, no século XVIII, recomendou que "a afinidade química fosse recebida como um primeiro princípio, que não podemos explicar mais do que Newton pôde explicar a gravitação, e que protelássemos a explicação das leis da afinidade até termos estabelecido um corpo de doutrina como o que [Newton] estabeleceu com referência às leis da gravitação". A química seguiu esse percurso. Estabeleceu um rico corpo de doutrina, alcançando seus "triunfos (...) separadamente da física, que surgira havia pouco tempo", salienta um proeminente historiador da química (Arnold Thackray). Já adentrado o século XX, destacados cientistas consideravam as moléculas e as propriedades químicas basicamente instrumentos de cálculo; a compreensão dessas questões estava, então, muito além de tudo o que se conhecia sobre a realidade mental. A unificação foi finalmente conseguida há sessenta e cinco anos, mas apenas após a física ter passado por uma revisão radical, distanciando-se ainda mais das intuições do senso comum.

Note-se que o que aconteceu foi uma unificação, e não uma redução. A química não somente *parecia* irredutível à física do momento, mas realmente o era.

Tudo isso transmite importantes lições para o estudo da mente, as quais, embora sejam muito mais óbvias para nós atualmente, já eram claras após a demolição newtoniana da filosofia mecânica. E foram extraídas todas de uma vez, na trilha da sugestão de John Locke, de que Deus deve ter escolhido "adicionar suplementarmente à matéria uma *faculdade de pensar*". Além disso, Ele "anexou, ao movimento, efeitos que não podemos de modo algum conceber que o movimento seja capaz de produzir". Nas próprias palavras de Newton, ao defender sua postulação de princípios ativos inatos na matéria, "Deus, que deu aos animais movimento voluntário além de nosso entendimento, é, sem dúvida, capaz de implantar outros princípios de movimento nos corpos, que podem igualmente fugir à nossa compreensão". Movimento dos membros, pensamento, atos de vontade – todos estão "além de nossa compreensão", embora possamos tentar encontrar "princípios gerais" e "corpos de doutrina" que nos dêem um entendimento limitado de sua natureza fundamental. Tais idéias conduziram naturalmente à conclusão de que essas propriedades da mente provêm da "organização do próprio sistema nervoso", isto é, de que essas propriedades "chamadas mentais" são o resultado da "estrutura orgânica" do cérebro, exatamente como a matéria "é portadora de poderes de atração e repulsão" que atuam à distância (La Mettrie, Joseph Priestley). Não está claro se poderia haver uma alternativa coerente.

Um século depois, Darwin expressou sua concordância. Perguntou, retoricamente: "Por que o pensamento, sendo uma secreção do cérebro, é mais maravilhoso que a gravidade, que é uma propriedade da matéria?" Essencialmente, é a idéia de Locke, conforme desenvolvida por Priestley e outros. É bom lembrar, todavia, que os problemas levantados pelos cartesianos nunca foram tocados. Não há "corpo de doutrina" significativo a respeito do uso criativo habitual da linguagem ou a respeito de outras manifestações de nossa "mais nobre" qualidade. E, diante dessa falta, questões de unificação não podem ser levantadas com seriedade.

As ciências cognitivas modernas, inclusive a lingüística, enfrentam problemas muito semelhantes aos da química, desde o colapso da filosofia mecânica até a década de 30, quando os corpos de doutrina que os químicos tinham desenvolvido foram unificados com uma física radicalmente reformada. A neurociência contemporânea costuma propor, como idéia diretiva, a tese de que "coisas mentais, na verdade as próprias mentes, são propriedades que afloram dos cérebros", ao passo que reconhecem que "esses afloramentos não são vistos como irredutíveis, mas produzidos por princípios que controlam as interações entre eventos de nível mais baixo – princípios que ainda não entendemos" (Vernon Mountcastle). A tese é muitas vezes apresentada como uma "hipótese surpreendente", "corajosa afirmação de que os fenômenos mentais são inteiramente naturais e causados por atividades neurofisiológicas do cérebro", uma "idéia nova e radical" na filosofia da mente, que pode finalmente pôr de lado o dualismo cartesiano, alguns acreditam, enquanto outros duvidam de que o abismo aparente entre corpo e mente possa realmente ser transposto.

Essas, todavia, não são maneiras adequadas de considerar a questão. A tese é velha, não é nova; e parafraseia de perto Pristley e outros, dois séculos atrás. Além disso, é um verdadeiro corolário do colapso do dualismo mente-corpo, uma vez que Newton minou o conceito de matéria, em qualquer sentido inteligível, e deixou a ciência com o problema de construir "corpos de doutrina" em vários domínios de investigação e de buscar a unificação.

Como a unificação poderia ocorrer, ou se poderá ser alcançada pela inteligência humana ou mesmo em princípio, não saberemos até sabermos. A especulação é tão inútil quanto foi na química, no começo do século XX. E a química é ciência exata, situada logo depois da física na enganosa hierarquia do "reducionismo". A integração entre aspectos mentais e outros aspectos do mundo parece ser uma meta distante. Mesmo com relação aos insetos (a chamada "linguagem das abelhas", por exemplo), problemas de percepção neural e evolução estão apenas se delineando no horizonte. Talvez seja surpreendente descobrir que esses problemas são tópicos vivos de especulação para os sistemas, muito mais complexos e obscuros, das faculdades mentais humanas mais elevadas, como a linguagem e outras. Não menos surpreendente é o fato de ouvirmos regularmente declarações confiantes sobre os mecanismos e a evolução de tais faculdades – com relação aos humanos, não às abelhas; quanto a estas, entende-se que os problemas são muito difíceis. As especulações são geralmente apresentadas como soluções para o problema mente-corpo; contudo, dificilmente podem sê-lo, visto que o problema, há trezentos anos, carece de formulação coesa.

Atualmente, o estudo da linguagem e de outras faculdades mentais humanas mais elevadas é realizado de modo bastante semelhante ao da química, procurando "estabelecer um rico corpo de doutrina" com vistas, em última instância, à unificação, todavia sem nenhuma idéia de como isso poderia acontecer.

Alguns dos corpos de doutrina que estão sendo investigados são bastante surpreendentes em suas implicações. Agora parece possível levar a sério uma idéia que poucos anos atrás teria parecido estranha: a de que o órgão cerebral da linguagem aproxima-se de um tipo de configuração ótima. Para sistemas orgânicos simples, conclusões desse tipo parecem ser muito razoáveis e até parcialmente compreendidas. Se um órgão muito recentemente surgido, e fundamental para a existência humana, aproxima-se de uma configuração ótima, isso sugere que, de algum modo desconhecido, ele pode ser o resultado do funcionamento de leis físicas e químicas em um cérebro que atingiu certo nível de complexidade. Além disso, acerca da evolução geral, são levantadas outras questões que não são novas de modo algum, porém estiveram um pouco à margem das pesquisas até bem pouco tempo. Estou me referindo ao trabalho de D'Arcy Thompson e Alan Turing, para mencionar duas das figuras modernas mais proeminentes.

Concepções similares, surgindo agora de certa forma no estudo da linguagem, também tiveram papel central no pensamento de Galileu. Ao estudar a aceleração, ele escreveu: "fomos orientados (...) por nossa percepção do caráter e das propriedades de outras obras da natureza, nos quais esta geralmente emprega apenas o menos elaborado, o mais simples e o mais fácil dos meios. Por isso não acredito que alguém possa imaginar que o ato de nadar ou voar possa ser realizado de um modo mais simples ou mais fácil que aquele de que se valem efetivamente os peixes e os pássaros, por instinto natural". Segundo um viés mais teológico, ele afirma que Deus "sempre age de acordo com as regras mais fáceis e mais simples, de modo que Seu poder possa ser plenamente revelado por Seus meios mais difíceis". Galileu era guiado pelo princípio ontológico de que a "Natureza é perfeita e simples, e não cria nada em vão", observa o historiador da ciência Pietro Redondi.

A teoria da evolução adota uma imagem mais complexa. A evolução é uma "improvisadora", segundo a frase de François Jacob freqüentemente citada. Ela faz o melhor que pode com os materiais de que dispõe, mas este "melhor" pode ser complicado, sendo o resultado de uma evolução dependente da trajetória, bem como pode estar sujeito a restrições físicas e, muitas vezes, a exigências adaptativas conflitantes. Não obstante, a concepção da perfeição da natureza continua sendo um componente vital da investigação contemporânea da natureza orgânica, pelo menos em seus aspectos mais simples: a cápsula poliédrica dos vírus, a divisão das células em esferas, a manifestação da série Fibonacci em muitos fenômenos da natureza, entre outros aspectos do mundo biológico. Até que ponto isso chega é uma questão de especulação e debate.

Muito recentemente, esses assuntos tornaram-se importantes no estudo da linguagem. Tornou-se possível apresentar de modo produtivo a questão da "perfeição da linguagem": mais especificamente, perguntar o quão próxima a linguagem humana está de uma solução ótima para a configuração de especificações que o sistema deve satisfazer para ser ao menos utilizável. Na medida em que a pergunta receba uma resposta positiva, descobriremos que a natureza – usando as palavras de Galileu – "empregou o menos elaborado, o mais simples e o mais fácil dos meios", mas em um domínio em que isso dificilmente seria esperado: um produto da evolução muito recente e aparentemente isolado, um componente que está seguramente no centro de nossa natureza mental, de nossas conquistas culturais e de nossa curiosa história.

Talvez eu deva acrescentar uma observação final sobre os limites do conhecimento. Muitas das perguntas que inspiraram a revolução científica moderna nem sequer estão em pauta. Entre elas estão questões de vontade e escolha, que se considerava estarem no cerne do problema mente-corpo antes de ele ser demolido por Newton. Há trabalhos muito valiosos sobre como um organismo executa um plano para uma ação motora integrada – como uma barata anda ou como uma pessoa alcança um copo sobre a mesa. Entretanto, ninguém sequer levanta a questão referente ao motivo pelo qual o plano executado é esse e não algum outro – exceto no caso dos organismos muito mais simples. O mesmo, praticamente, é verdade até no que diz respeito à percepção visual, às vezes considerada uma operação passiva ou reflexiva. Recentemente, dois neurocientistas cognitivos publicaram um relatório do progresso referente à solução de um problema apresentado em 1850 por Helmholtz: "Mesmo sem mover os olhos, podemos, à vontade, centrar a atenção em diferentes objetos, o que resulta em experiências perceptivas muito diferentes do mesmo campo de visão." A expressão "à vontade" aponta para uma área que está além da investigação empírica séria. Ela continua sendo tão misteriosa quanto foi para Newton no final da vida, quando ele ainda procurava algum "espírito sutil" escondido em todos os corpos e que poderia, sem caracterizar um "absurdo", responder pelas propriedades de atração e repulsão, pela natureza e pelos efeitos da luz, pela sensação e pelo modo como os "membros dos corpos animais se movem sob o comando da vontade" –

todos mistérios análogos para Newton, talvez até mesmo "além de nosso entendimento", tal como os "princípios do movimento".

Tornou-se prática convencional, nos últimos anos, a descrição do problema da consciência como "problema difícil", estando os outros a nosso alcance, agora ou de modo iminente. Acho que há boas razões para tratar essas declarações, pelo menos, com um "ceticismo mitigado", principalmente quando reconhecemos quão acentuado é o declínio de nossa compreensão quando transpomos os sistemas mais simples da natureza. A história também sugere cautela. Na era galileana, a natureza do movimento era o "problema difícil". "Flexibilidade ou Movimentos Elásticos" são a "pedra de tropeço em filosofia", observou Sir William Petty, propondo idéias que se assemelham àquelas posteriormente desenvolvidas de modo muito mais rico por Newton. O "problema difícil" era que os corpos, que para nossos sentidos parecem estar em repouso, estão em um estado "violento", dotados de "um forte empenho em se libertarem ou se desprenderem uns dos outros", segundo as palavras de Robert Boyle. O problema, acreditava ele, é tão obscuro quanto "a Causa e Natureza" da gravidade, sustentando assim sua crença em "um Autor ou Ordenador inteligente das Coisas". Mesmo o cético newtoniano Voltaire afirmou que a capacidade dos seres humanos para "produzir um movimento" onde não havia nenhum demonstra que "há um Deus que deu movimento" à matéria. Para Henry More, a transferência de movimento de um corpo para outro era um mistério definitivo: se uma bola azul bate em uma bola vermelha, o movimento é transferido, mas não a cor, embora ambos sejam qualidades da bola azul em movimento.

Esses "problemas difíceis" não foram solucionados; pelo contrário, foram abandonados à medida que a ciência voltou-se para seu curso pós-newtoniano mais modesto. Esse fato foi reconhecido por importantes historiadores da ciência. Friedrich Lange, em sua clássica e erudita história do materialismo, um século atrás, observou que simplesmente "acostumamo-nos à noção abstrata de forças ou, antes, a uma noção que oscila em uma obscuridade mística, entre a abstração e a compreensão concreta". Aquele foi um "momento decisivo" na história do materialismo, que conduz a doutrina para longe dos "materialistas genuínos" do século XVII, despojando-a de grande parte de sua importância. Seus "problemas difíceis" desapareceram e houve pouco progresso no tratamento de outros "problemas difíceis" que não pareciam menos misteriosos a Descartes, Newton, Locke e outras figuras importantes, inclusive o "livre-arbítrio", isto é, "a coisa mais nobre" que temos – manifestado mais acentuadamente no uso coloquial da linguagem, acreditavam eles, por razões que não deveríamos desprezar apressadamente.

Por causa de alguns desses mistérios, extraordinários corpos de doutrina foram desenvolvidos nos últimos séculos (algumas das maiores conquistas do intelecto humano). Além disso, houve notáveis façanhas de unificação. Quão remotamente distantes podem estar os picos de montanha remanescentes – ou mesmo onde estão –, só podemos imaginar. Dentro do alcance de investigação possível, há bastante trabalho a ser feito no que se refere ao entendimento dos aspectos mentais do mundo, inclusive a linguagem humana; e as perspectivas são certamente animadoras. Faríamos bem, no entanto, em guardar em algum canto de nossa mente a conclusão de Hume sobre os "segredos definitivos da Natureza" e a "obscuridade em que sempre permaneceram e sempre permanecerão" (e particularmente o raciocínio que o levou a esse julgamento, assim como a confirmação deste pela história subseqüente das ciências exatas). Temo que essas sejam questões freqüentemente esquecidas e acredito que elas mereçam uma séria reflexão – possivelmente, algum dia, até mesmo uma pesquisa científica sistemática.

CAPÍTULO 3
A LINGUAGEM E O CÉREBRO

O modo correto de tratar o tópico anunciado seria rever os princípios fundamentais da linguagem e do cérebro, mostrando como podem ser unificados, talvez com base no modelo da química e da física, sessenta e cinco anos atrás, ou na integração de partes da biologia no complexo, alguns anos mais tarde. Neste curso, todavia, não tentarei aventurar-me. Uma das poucas coisas que posso dizer com alguma segurança sobre este tópico é que estou longe de saber o suficiente para abordá-lo da maneira correta. Com menos confiança, suspeito que possa ser justo dizer que os conhecimentos atuais são insuficientes para lançar as bases da unificação das ciências do cérebro e das faculdades mentais mais elevadas – a linguagem entre elas – e que muitas surpresas podem estar ao longo do caminho que conduz ao que parece ser uma meta distante – o que em si não seria nenhuma surpresa, se os exemplos clássicos que mencionei forem efetivamente um modelo realístico.

Essas avaliações um tanto céticas das expectativas atuais diferem de dois pontos de vista predominantes, porém opostos. O primeiro afirma que o ceticismo é injustificado ou, mais precisamente, está profundamente errado porque a questão da unificação nem mesmo é pertinente. Não é pertinente para a psicologia como estudo da mente, porque o tópico não pertence ao campo da biologia (uma posição tomada para definir o "modelo computacional da mente"[1]); nem para a linguagem, porque a linguagem é um objeto extra-humano, ponto de vista padrão nas principais correntes da filosofia da mente e da linguagem, e também desenvolvido por figuras proeminentes na neurociência e na etologia. Pelo menos é o que as palavras parecem implicar; as intenções podem ser diferentes. Retornarei a esse assunto, citando alguns exemplos atuais importantes.

Segundo uma opinião contrastante, sustenta-se que o problema da unificação é pertinente, porém que o ceticismo é injustificado. A unificação das ciências do cérebro e da cognição é uma expectativa iminente de superação do dualismo cartesiano. Essa avaliação otimista é francamente expressa pelo biólogo evolutivo E. O. Wilson em uma publicação recente (da Academia Americana de Artes e Ciências), dedicada ao cérebro. Resumindo o estado da arte, Wilson expõe uma visão que parece ser compartilhada de modo bastante amplo: "Pesquisadores agora falam, com segurança, de uma solução iminente para o problema cérebro-mente."[2] Confiança semelhante tem sido manifestada há meio século, incluindo até declarações – feitas por figuras eminentes – de que o problema cérebro-mente tinha sido resolvido.

---

1. Ned Block (1990), "The computer model of the mind", em: D. N. Osherson e E. E. Smith (orgs.), *An Invitation to Cognitive Science* vol. 3, *Thinking* (Cambridge, MA: MIT Press).

2. "The Brain", em: *Daedalus*, primavera de 1998.

Com respeito ao problema geral da unificação, podemos, portanto, identificar vários pontos de vista:

(1) Não existe questão nenhuma: a linguagem, e as faculdades mentais mais elevadas em geral, não fazem parte da biologia.
(2) Elas pertencem à biologia em princípio, e qualquer abordagem construtiva do estudo do pensamento humano e sua expressão, ou da ação e interação humanas, baseia-se nessa suposição, pelo menos tacitamente.

A categoria (2), por sua vez, tem duas variantes: (A) a unificação está bem próxima; (B) não vemos, atualmente, como essas partes da biologia se relacionam e suspeitamos que as idéias fundamentais ainda não tenham sido vislumbradas.

O último ponto de vista, (2B), parece-me o mais plausível. Tentarei demonstrar por que e esboçar parte do terreno que deveria ser explorado em uma avaliação cuidadosa e abrangente desses tópicos.

Como estrutura para a discussão, eu gostaria de selecionar três teses que, de modo geral, me parecem razoáveis, e debatê-las por um certo tempo. Citarei formulações correntes apresentadas por importantes cientistas, contudo não minhas próprias versões dos anos passados.

A primeira tese foi articulada pelo neurocientista Vernon Mountcastle, na apresentação do estudo da Academia Americana que mencionei. Um tema norteador das contribuições, e do campo em geral, ele observa, é que "coisas mentais, na verdade as próprias mentes, são propriedades que afloram dos cérebros", todavia "esses afloramentos não são considerados irredutíveis, mas são produzidos por princípios que controlam as interações entre os eventos de nível mais baixo – princípios que ainda não entendemos".

A segunda tese é metodológica. É apresentada claramente pelo etologista Marc Hauser em seu abrangente estudo *Evolution of Communication*[3] [Evolução da comunicação]. Em harmonia com Tinbergen, ele afirma que deveríamos adotar quatro perspectivas ao estudar a "comunicação no reino animal, incluindo a linguagem humana". Para entender algum traço deveríamos:

(i) Buscar os mecanismos que o implementam psicológica e fisiologicamente – a perspectiva *mecanicista*;
(ii) separar fatores genéticos e ambientais que também possam ser abordados em nível psicológico e fisiológico – a perspectiva *ontogenética*;
(iii) encontrar as "conseqüências da adequação" do traço, seus efeitos sobre a sobrevivência e a reprodução – a perspectiva *funcional*
(iv) desvendar "a história evolutiva das espécies, de modo que a estrutura do traço possa ser avaliada à luz dos traços ancestrais" – a perspectiva *filogenética*

A terceira tese é apresentada pelo neurocientista cognitivo C. R. Gallistel[4]: a "visão modular da aprendizagem", que ele considera ser "a norma atual em neuro-

---

3. Marc Hauser (1996), *The Evolution of Communication* (Cambridge, MA: MIT Press).
4. C. R. Gallistel (1997), "Neurons and memory", em: M. S. Gazzaniga (org.), *Conversations in the Cognitive Neurosciences* (Cambridge, MA: MIT Press); (1999), "The replacement of general-purpose learning models with adaptively specialized learning modules", em: M. S. Gazzaniga (org.), *The Cognitive Neurosciences*, 2ª ed. (Cambridge, MA: MIT Press).

ciência". De acordo com esse ponto de vista, o cérebro incorpora "órgãos especializados", computacionalmente especializados para solucionar tipos específicos de problemas, já que o fazem com grande facilidade, exceto em "ambientes extremamente hostis". O crescimento e desenvolvimento desses órgãos especializados – o que às vezes é chamado de "aprendizagem" – é o resultado de processos internamente dirigidos e efeitos ambientais que desencadeiam e modelam o desenvolvimento. O órgão da linguagem é um desses componentes do cérebro humano.

Na terminologia convencional, adaptada do uso mais primitivo, o órgão da linguagem é a *faculdade de linguagem* (FL); a teoria do estado inicial da FL, uma expressão dos genes, é a *gramática universal* (GU); as teorias de estados atingidos são as *gramáticas particulares*; os estados propriamente ditos são as *línguas internas*, "línguas", resumidamente. O estado inicial, naturalmente, não se manifesta no nascimento, como no caso de outros órgãos (por exemplo, o sistema visual).

Examinemos mais de perto as três teses – razoáveis, creio, todavia com ressalvas –, começando com a primeira: "Coisas mentais, na verdade as próprias mentes, são propriedades que afloram dos cérebros."

A tese é amplamente aceita e freqüentemente considerada uma contribuição distintiva e estimulante da época atual, ainda que altamente controvertida. Nos últimos anos, foi desenvolvida como uma "hipótese assombrosa" – "a ousada afirmação de que os fenômenos mentais são inteiramente naturais e causados por atividades neurofisiológicas do cérebro" e "que as potencialidades da mente humana são de fato potencialidades do cérebro humano" –, ou como uma "idéia radicalmente nova" na filosofia da mente, e que pode afinal pôr fim ao dualismo cartesiano, embora alguns continuem a acreditar que o abismo entre corpo e mente não pode ser transposto.

O quadro é enganoso e é importante entender por quê. A tese não é nova e, por razões entendidas há séculos, não deveria ser controversa. Esta tese foi articulada claramente no século XVIII, e por razões prementes – embora controvertidas, à época, por causa da afronta a doutrinas religiosas. Por volta de 1750, David Hume descreveu casualmente o pensamento como uma "'pequena agitação do cérebro"[5]. Poucos anos depois, a tese foi elaborada pelo eminente químico Joseph Priestley: "os poderes de sensação ou percepção e pensamento" são propriedades de "um certo sistema de matéria organizado"; propriedades "denominadas mentais" são "resultado [da] estrutura orgânica" do cérebro e "do sistema nervoso humano" de modo geral. Isso equivale a: "Coisas mentais, na verdade as próprias mentes, são propriedades que afloram dos cérebros" (Mountcastle). Priestley, evidentemente, não podia dizer como esse afloramento ocorre, e tampouco somos capazes de fazer muito melhor duzentos anos depois.

Creio que as ciências cerebrais e cognitivas podem tirar algumas lições úteis do surgimento da tese do afloramento, nos primórdios da ciência moderna, e dos meios desenvolvidos pelas ciências naturais a partir de então, até a metade do século XX, quando ocorre a unificação da física-química-biologia. As controvérsias atuais sobre a mente e o cérebro são notavelmente semelhantes aos debates sobre átomos, moléculas, estruturas químicas e reações, e outros assuntos relacionados, os quais ainda estavam muito vivos bem depois do início do século XX. Semelhantes, e em aspectos que creio serem instrutivos.

---

5. David Hume, *Dialogue on Natural Religion*.

As razões para a tese do afloramento, do século XVIII, recentemente reavivada, eram realmente prementes. A revolução científica moderna, desde Galileu, tinha por base a tese de que o mundo é uma grande máquina que, em princípio, poderia ser construída por um mestre artesão, caracterizando-se como uma versão complexa dos relógios e outros intricados mecanismos automáticos que fascinavam os séculos XVII e XVIII tanto quanto os computadores, recentemente, vieram a servir de estímulo ao pensamento e à imaginação; a mudança do tipo de artefato limitou as conseqüências para as questões básicas, conforme demonstrou Alan Turing sessenta anos atrás. A tese – chamada "filosofia mecânica" – tem dois aspectos: empírico e metodológico. A tese factual está relacionada com a natureza do mundo: é uma máquina construída com peças interagentes. A tese metodológica está relacionada com a inteligibilidade: o verdadeiro entendimento requer um modelo mecânico, um dispositivo que um artesão poderia construir.

Este modelo galileano de inteligibilidade tem um corolário: quando o mecanismo falha, o entendimento falha. Por isso, quando Galileu caiu em desalento, devido às aparentes inadequações da explicação mecânica, ele concluiu finalmente que os humanos nunca compreenderiam completamente nem sequer "um único efeito na natureza". Descartes, ao contrário, era muito mais otimista. Achava que poderia demonstrar que a maior parte dos fenômenos da natureza podia ser explicada em termos mecânicos: não só o mundo orgânico e inorgânico que existe separadamente dos seres humanos, mas também a psicologia, a sensação, a percepção e a ação humanas em grande medida. Os limites da explicação mecânica são atingidos quando essas funções humanas são mediadas pelo pensamento, uma posse unicamente humana e baseada em um princípio que escapa à explicação mecânica: um princípio "criativo" subjacente aos atos de vontade e escolha, que são "a coisa mais nobre que podemos ter" e a única coisa que "pertence verdadeiramente" a nós (para usar termos cartesianos). Os seres humanos são apenas "incitados e inclinados" a agir de certas maneiras, não "compelidos" (e muito menos agem de modo aleatório), e, sob esse aspecto, são diferentes das máquinas – isto é, do resto do mundo. Para os cartesianos, o exemplo mais extraordinário era o uso normal da linguagem: os seres humanos podem expressar seus pensamentos de modos novos e ilimitados. Esses pensamentos são limitados pelo estado corporal, todavia não determinados por ele; são apropriados para determinadas situações, mas não causados por elas; e evocam, nos outros, pensamentos que estes poderiam ter expressado de modo semelhante – o que podemos chamar de "aspecto criativo do uso da linguagem".

Vale ter em mente que, até onde sabemos, essas conclusões estão corretas.

Nesses termos, cientistas cartesianos desenvolveram procedimentos experimentais para determinar se alguma outra criatura tem uma mente igual à nossa – versões elaboradas do que foi reavivado como o teste de Turing no meio século passado, mas sem algumas falácias que estiveram presentes nessa revivificação, desconsiderando as advertências explícitas de Turing, um tópico interessante, mas que deixarei de lado[6]. Nos mesmos termos, Descartes

---

6. N. Chomsky (1990), "Language and cognition", discurso de boas-vindas para a Conferência da Sociedade de Ciência Cognitiva, MIT, julho de 1990, em: D. Johnson e C. Emeling (orgs.), (1997), *The Future of the Cognitive Revolution* (Nova York: Oxford University Press). Chomsky (1995b), "Language and nature", em *Mind* 104.413: 1-61, janeiro, reimpresso

pôde formular o problema mente-corpo de um modo relativamente claro: tendo estabelecido dois princípios da natureza, o princípio mecânico e o mental, podemos perguntar como eles interagem, problema fundamental para a ciência do século XVII. Esse problema, no entanto, não sobreviveu por muito tempo. Como é bem sabido, o quadro completo entrou em colapso quando Newton, para seu grande desânimo, estabeleceu que não apenas a mente escapa ao alcance da filosofia mecânica, como também o mesmo acontece com todas as outras coisas na natureza, mesmo o mais simples movimento terrestre e planetário. Como ressaltou Alexandre Koyré, um dos fundadores da história moderna da ciência, Newton mostrou que "uma física puramente materialista ou mecanicista é impossível"[7]. Conseqüentemente, o mundo natural não satisfaz o padrão de inteligibilidade que animou a revolução científica moderna. Devemos aceitar a "admissão, no corpo da ciência, de 'fatos' incompreensíveis e inexplicáveis, impostos a nós pelo empirismo", tal como Koyré coloca a questão.

Newton considerava sua refutação do mecanicismo uma "absurdidade", todavia não pôde evitá-la, apesar de muito esforço. Tampouco o puderam os maiores cientistas de sua época, ou desde então. Descobertas posteriores introduziram "absurdidades" ainda maiores. Nada diminuiu a força da opinião de David Hume de que, ao refutar a filosofia mecânica auto-evidente, Newton "restituiu os segredos definitivos da natureza àquela obscuridade em que sempre permaneceram e sempre permanecerão".

---

em Chomsky (2000b), *New Horizons in the Study of Language and Mind* (Cambridge: Cambridge University Press). Ver esta última edição para muitas fontes não citadas aqui.

7. Alexandre Koyré (1957), *From the Closed World to the Infinite Universe* (Baltimore: Johns Hopkins University Press).

Um século depois, em sua clássica história do materialismo, Friederich Lange salientou que Newton destruiu efetivamente a doutrina materialista, bem como os padrões de inteligibilidade e as expectativas que se baseavam nela: os cientistas, a partir de então, "acostumaram-se à noção abstrata de forças ou, antes, a uma noção que oscila em uma obscuridade mística entre a abstração e a compreensão concreta". Esse é um "momento decisivo" na história do materialismo, que conduz o que sobrou da doutrina para longe dos "materialistas genuínos" do século XVII, despojando-a de grande parte de sua importância.

Tanto a tese metodológica quanto a empírica desmoronaram, para nunca mais serem reconstituídas.

Do lado metodológico, os padrões de inteligibilidade ficaram consideravelmente enfraquecidos. O padrão que inspirava a revolução científica moderna foi abandonado: a meta é a inteligibilidade das teorias, não do mundo – diferença considerável, que pode perfeitamente pôr em operação diferentes faculdades da mente, talvez um tópico para a ciência cognitiva algum dia. Conforme I. Bernard Cohen, proeminente estudioso de Newton, colocou a questão, essas mudanças "anunciaram uma nova visão da ciência", cuja meta "não é buscar explicações definitivas", enraizadas em princípios que nos pareçam auto-evidentes, mas encontrar a melhor avaliação teórica que pudermos dos fenômenos advindos da experiência e da experimentação. De modo geral, a conformidade com o senso comum não é um critério para a investigação racional.

Do lado factual, não há mais nenhum conceito de corpo, matéria, ou "o físico". Existe apenas o mundo com seus vários aspectos: mecânico, eletromagnético, químico, óptico, orgânico, mental – categorias não definidas ou delimitadas *a priori*, mas que são, no máximo, conveniências: ninguém pergunta se a vida está incluída na química ou na biologia, exceto por questão provisória de conveniência. Em cada um dos cambiantes domínios da investigação construtiva, tudo o que podemos tentar é desenvolver teorias explanatórias inteligíveis e unificá-las.

Os novos limites da investigação foram compreendidos pelos cientistas atuantes. O químico Joseph Black, no século XVIII, observou que a "afinidade química deve ser aceita como um primeiro princípio, que não podemos explicar mais do que Newton pôde explicar a gravitação, e vamos adiar as considerações sobre as leis da afinidade até termos estabelecido um corpo de doutrina como o que Newton estabeleceu com respeito às leis da gravitação". O que aconteceu foi quase isso. A química continuou a estabelecer um rico corpo de doutrina; "seus triunfos [foram] construídos não sobre uma base reducionista, mas, em vez disso, foram alcançados isoladamente a partir da recentemente surgida ciência da física", observa um importante historiador da química[8]. Efetivamente, nenhum fundamento reducionista foi descoberto. O que finalmente foi conseguido por Linus Pauling, sessenta e cinco anos atrás, foi a unificação, não a redução. A física teve de sofrer mudanças fundamentais para ser unificada com a química básica, distanciando-se ainda mais radicalmente das noções do senso comum do "físico". A física teve de "se libertar" de "quadros intuitivos" e desistir da esperança de "visualizar o mundo", tal como expressou Heisenberg[9], o que, por sua vez, representa outro grande

---

8. Arnold Thackray (1970), *Atoms and Powers* (Cambridge, MA: Harvard University Press).
9. Citado por Gerald Holton, "On the Art of Scientific Imagination", em: *Daedalus* (1996), 183-208.

salto para longe da idéia de inteligibilidade, tal como entendida pela revolução científica do século XVII.

A moderna revolução científica inicial também deu à luz o que deveríamos chamar propriamente de "primeira revolução cognitiva" – talvez a única fase das ciências cognitivas a merecer o nome de "revolução". O mecanismo cartesiano serviu de base para o que veio a ser a neurofisiologia. Os pensadores dos séculos XVII e XVIII também desenvolveram idéias magníficas e esclarecedoras sobre percepção, linguagem e pensamento, as quais têm sido redescobertas desde então, às vezes apenas em parte. Na falta de algum conceito de corpo, a psicologia só pôde então – e só pode atualmente – seguir o caminho da química. Não obstante sua estrutura teológica, não houve realmente nenhuma alternativa para a especulação cautelosa de John Locke, conhecida posteriormente como "sugestão de Locke": Deus poderia ter escolhido "adicionar suplementarmente à matéria a faculdade de pensar", exatamente como "anexou ao movimento efeitos que não podemos de modo algum concebê-lo como capaz de produzir" – notadamente a propriedade de atração à distância, uma revivificação das propriedades ocultas, tal como o afirmaram muitos cientistas proeminentes (com o assentimento parcial de Newton).

Nesse contexto, a tese do aflamento foi virtualmente inevitável, de várias formas:

> Para o século XVIII: "os poderes de sensação ou percepção e pensamento" são propriedades de "um certo sistema organizado de matéria"; propriedades "denominadas mentais" são "resultado [da] estrutura orgânica" do cérebro e "do sistema nervoso humano" de modo geral.
>
> Um século depois, Darwin perguntou retoricamente por que o "pensamento, sendo uma secreção do cérebro",

devia ser considerado "mais maravilhoso que a gravidade, uma propriedade da matéria"[10].

Hoje o estudo do cérebro está baseado na tese de que "coisas mentais, na verdade as próprias mentes, são propriedades que afloram dos cérebros".

Em toda parte, a tese é essencialmente a mesma e não deveria ser motivo de contenda: é difícil imaginar uma alternativa no mundo pós-newtoniano.

Tudo o que o cientista atuante pode fazer é tentar construir "corpos de doutrina" para os vários aspectos do mundo e procurar unificá-los, reconhecendo que o mundo não é inteligível para nós em nenhum sentido semelhante àquele no qual os pioneiros da ciência moderna depositavam sua esperança, e que a meta é a unificação, não necessariamente a redução. Como revela claramente a história das ciências, nunca podemos adivinhar quais surpresas nos esperam.

É importante reconhecer que o dualismo cartesiano foi uma tese científica racional, mas uma tese que desapareceu três séculos atrás. A partir dessa época, deixou de haver problema mente-corpo para ser debatido. Não foi devido às imperfeições do conceito cartesiano de mente que a tese desapareceu, mas porque o conceito de corpo veio abaixo com a demolição da filosofia mecânica por Newton. É comum, atualmente, ridicularizar o "erro de Descartes" ao postular a mente, seu "fantasma na máquina". Isso, contudo, é um equívoco sobre o que aconteceu: Newton exorcizou a máquina; mas o fantasma continuou intato. Dois físicos contemporâneos, Paul Davies e John Gribbin, encerram seu recente livro *The Matter*

---

10. Citado por V. S. Ramachandran e Sandra Blakeslee (1998), *Phantoms in the Brain* (Londres: Fourth Estate).

Myth [O mito da matéria] apresentando esse argumento outra vez, embora atribuam erradamente a eliminação da máquina aos novos físicos quânticos. É verdade que isso acrescenta outro golpe, todavia o "mito da matéria" havia sido demolido duzentos e cinqüenta anos antes, fato que foi compreendido na ocasião pelos cientistas atuantes e tornou-se parte da história padrão das ciências desde essa época. Esses são tópicos que merecem alguma reflexão, acredito.

Para a rejuvenescida ciência cognitiva do século XX também é útil, creio, prestar especial atenção ao que se seguiu à unificação de uma química praticamente inalterada com uma física radicalmente revisada, na década de 30, bem como ao que precedeu essa unificação. O acontecimento mais dramático que veio depois foi a unificação da biologia com a química. Esse foi um caso genuíno de redução, exceto para a físico-química, recentemente criada (até mesmo com o envolvimento de algumas das mesmas pessoas, notadamente Pauling). Essa redução genuína levou algumas vezes à confiante expectativa de que os aspectos mentais do mundo serão reduzidos a algo semelhante às neurociências contemporâneas. Talvez seja assim, talvez não. Em qualquer caso, a história da ciência oferece poucos motivos para expectativas confiantes. Uma redução verdadeira não é tão comum na história da ciência, e sua pressuposição automática, como modelo para o que acontecerá no futuro, não é necessária.

Mais instrutivo ainda é o que estava ocorrendo imediatamente antes da unificação da química com física. Antes da unificação, proeminentes cientistas comumente afirmavam que a química era apenas um instrumento de cálculo, um meio de organizar resultados sobre reações químicas, às vezes para predizê-los. Nos primeiros anos do último século, as moléculas passaram a ser consideradas desse mesmo modo. Poincaré ridicularizou a crença de que a teoria molecular dos gases é mais que um modo de cálculo; segundo ele, as pessoas incidiam nesse erro por estarem familiarizadas com o jogo de bilhar. A química não trata de nada real, argumentava-se: o motivo é que ninguém sabia como reduzi-la à física. Em 1929, Bertrand Russel – que conhecia bem as ciências – ressaltou que as leis químicas "não podem, no momento presente, ser reduzidas às leis físicas"[11]. Essa afirmação não é falsa, mas é enganosa, e de modo importante. Verificou-se que a expressão "no presente momento" estava fora de lugar. A redução era impossível, como logo foi descoberto, até que a concepção de lei e de natureza físicas fosse (radicalmente) revisada.

Deveria então estar claro que os debates sobre a realidade da química estavam baseados em fundamentos equivocados. A química era "real" e "relativa ao mundo" no único sentido que temos desses conceitos: ela fazia parte da melhor concepção de como o mundo funciona que a inteligência humana tinha sido capaz de produzir. É impossível fazer melhor que isso.

Os debates sobre química ocorridos há alguns anos repercutem de muitas maneiras na filosofia da mente e na ciência cognitiva de hoje – e a química teórica, naturalmente, é uma ciência exata que se funde de modo indistinguível com a física fundamental; não está na periferia do entendimento científico, como as ciências do cérebro e da cognição, que estão tentando estudar sistemas incomensuravelmente mais complexos e insuficientemente compreendidos. Esses debates – muito recentes – sobre

---

11. Bertrand Russell (1929), *The Analysis of Matter* (Leipzig: B. G. Teubner).

química, bem como seus resultados inesperados, deveriam ser instrutivos para as ciências do cérebro e da cognição. Eles sugerem que é um erro pensar em modelos computacionais da mente que sejam dissociados da biologia – isto é, em princípio, não afetados por nada que possa ser descoberto nas ciências biológicas – ou que se fundamentem em concepções platônicas ou não-biológicas da linguagem (e que também não levem em consideração importantes provas em contrário). Sugerem, ainda, que é um erro afirmar que a relação do mental com o físico não é de redutibilidade, mas sim a noção, mais tênue, de *superveniência*; isto é, a de que qualquer mudança em estados ou eventos mentais acarretam uma "mudança física", embora não reciprocamente, não havendo nada mais específico a ser dito. Os debates sobre química anteriores à unificação poderiam ser reformulados nos seguintes termos: aqueles que negam a realidade da química poderiam ter afirmado que as propriedades químicas sobrevêm às propriedades físicas, não sendo, todavia, redutíveis a elas. Isso teria sido um erro, pois as propriedades físicas corretas ainda não haviam sido descobertas. Logo que o foram, falar de superveniência tornou-se supérfluo, e então nos movemos em direção à unificação. Quanto ao estudo dos aspectos mentais do mundo, a mesma posição parece-me cabível.

Parece sensato, de modo geral, seguir o bom conselho dos cientistas pós-newtonianos, e do próprio Newton, quanto a esse assunto, e procurar erigir "corpos de doutrina" com quaisquer meios que estejam ao nosso alcance, sem nos deixarmos abalar pelas intuições do senso comum sobre como o mundo deve ser – sabemos que *não* é desse modo – e sem nos perturbarmos com a possibilidade de ter de "adiar o esclarecimento dos princípios", no que se refere ao entendimento científico geral, o que pode se tornar inadequado à tarefa de unificação, como tem acontecido há trezentos anos. Boa parte da discussão desses tópicos parece-me mal direcionada, talvez muito seriamente, por razões como essas.

Há outras semelhanças entre a química "pré-unificação" e a ciência cognitiva atual, que merecem ser lembradas. Os "triunfos da química" forneceram valiosas diretrizes para a reconstrução final da física: estipularam condições que a física fundamental teria de satisfazer. De modo semelhante, descobertas sobre a comunicação das abelhas estabelecem condições que têm de ser satisfeitas por quaisquer abordagens futuras concernentes às células. Em ambos os casos, essa é uma rua de mão dupla: assim como as descobertas da física restringem possíveis modelos da química, também as da biologia básica devem restringir os modelos de comportamento dos insetos.

Existem analogias semelhantes nas ciências do cérebro e da cognição, tais como a questão das teorias computacional, algorítmica e de implementação enfatizada por David Marr; ou o trabalho de Eric Kandel sobre a aprendizagem dos caracóis marinhos, "procurando traduzir, em termos neuronais, idéias que foram propostas em um nível abstrato por psicólogos experimentais", e assim demonstrar como a psicologia e a neurobiologia cognitivas "podem começar a convergir para produzir uma nova perspectiva no estudo da aprendizagem"[12]. Bastante razoável, ainda que o curso atual das ciências deva nos alertar quanto à possibilidade de que a convergência possa não ocorrer, por estar faltando alguma coisa – onde, não podemos saber até descobrirmos.

---

12. R. D. Hawkins e E. R. Kandel (1984), "Is there a cell-biological alphabet for simple forms of learning?", em: *Psychological Review* 91: 376-391.

Falei, até agora, sobre a primeira das três teses que mencionei no início: o princípio diretivo de que "coisas mentais, na verdade as próprias mentes, são propriedades que afloram dos cérebros". Isso parece correto, mas próximo do truísmo, por razões entendidas por Darwin e eminentes cientistas um século antes, e resultantes da descoberta, por Newton, das "absurdidades" que, não obstante, eram verdade.

Passemos à segunda tese, a metodológica, retirada de *Evolution of Communication*, de Marc Hauser: para explicar qualquer traço, devemos adotar a abordagem etológica de Tinbergen, com suas quatro perspectivas básicas: (1) mecanismos, (2) ontogênese, (3) conseqüências de adequação, (4) história evolutiva.

Para Hauser e outros, o "Santo Graal" é a linguagem humana: o objetivo é demonstrar como ela poderá ser entendida se a investigarmos a partir dessas quatro perspectivas, e apenas desse modo. O mesmo deve ser verdade com respeito a sistemas consideravelmente mais simples, como a "linguagem da dança", da abelha melífera, para selecionar o único exemplo no mundo animal que, de acordo com avaliações padrão (embora não incontroversas), parece ter pelo menos alguma semelhança superficial com a linguagem humana: alcance infinito e a propriedade de "referência deslocada" – habilidade de comunicar informação sobre coisas externas ao campo sensório. O cérebro das abelhas é do tamanho de uma semente de grama, com menos de um milhão de neurônios; há espécies aparentadas que diferem no modo de comunicação; não há restrições sobre experimento invasivo. Perguntas básicas, contudo, continuam sem resposta (perguntas sobre psicologia e evolução, em particular).

Em sua resenha sobre esse tópico, Hauser não discute mecanismos, e as poucas sugestões que foram feitas parecem bastante exóticas – como, por exemplo, a teoria da matemática/bióloga Barbara Shipman, de que o desempenho da abelha baseia-se na habilidade de delinear, em três dimensões, um certo espaço topológico de seis dimensões, talvez por meio de uma espécie de "detector de *quarks*"[13]. Sobre evolução, Hauser apresenta apenas poucas sentenças, com que formula essencialmente o problema. O mesmo vale para outros casos por ele resenhados. É o que acontece com os pássaros canoros, por exemplo, que são "*a* história de sucesso na pesquisa de desenvolvimento", muito embora não haja nenhum "cenário convincente" a respeito de seleção – ou mesmo um não convincente, ao que parece.

Portanto, não é de surpreender que, no caso incomparavelmente mais difícil da linguagem humana, questões sobre mecanismos fisiológicos e filogênese continuem misteriosas.

Um exame mais minucioso do estudo de Hauser dá alguma indicação de quão remota é a meta que ele e outros estabeleceram – uma meta válida, mas devemos ser realistas sobre onde nos encontramos em relação a ela. Primeiramente, o título do livro é equivocado: ele não é sobre a evolução da comunicação, tópico que recebe somente uma menção de passagem. Em vez disso, é um estudo comparativo da comunicação em diversas espécies. Isso se torna explícito nos comentários disponíveis na resenha de Derek Bickerton na revista *Nature*, os quais são citados na sobrecapa; bem como no capítulo final, que especula sobre "rumos futuros". O capítulo é intitulado – realisticamente – "Comparative communication" [Comunicação comparada]. Há pouca especulação sobre

---

13. Adam Frank, em: *Discover* 80 (1997), novembro.

evolução, assunto bastante diferente. De modo bastante geral, o que Hauser e outros descrevem como registro da seleção natural vem a ser um belo relato do ajuste de um organismo a seu nicho ecológico. Os fatos são muitas vezes fascinantes e sugestivos, todavia não constituem história evolutiva: antes, formulam o problema a ser resolvido pelo estudioso da evolução.

Em segundo lugar, Hauser salienta que esse estudo abrangente de comunicação comparativa "não tem relação alguma com o estudo formal da linguagem" (um exagero, creio). Isso não é um detalhe sem importância: o que ele chama de "estudo formal da linguagem" inclui os aspectos psicológicos das duas primeiras perspectivas da abordagem etológica: (1) os mecanismos da linguagem e (2) a ontogênese destes. E o que não tem relação com os aspectos psicológicos tampouco o tem com os aspectos fisiológicos, visto que qualquer coisa que esteja apoiada em aspectos fisiológicos impõe condições aos aspectos psicológicos. Conseqüentemente, as duas primeiras perspectivas da recomendada abordagem de Tinbergen estão efetivamente abandonadas no que concerne à linguagem humana. Por razões semelhantes, o estudo comparativo pode "não ter relação alguma" – no mesmo sentido – com a investigação contemporânea sobre a comunicação das abelhas, a qual, em larga medida, é uma variedade mais abundantemente detalhada da "lingüística descritiva". Esta parece uma conclusão plausível: muito se aprendeu sobre determinadas espécies no nível descritivo – insetos, pássaros, macacos e outros –, mas pouco se pode afirmar no que diz respeito a generalização.

A "ausência de relação" com a linguagem humana é, todavia, muito mais profunda. A razão é que – como Hauser também observa – a linguagem não pode ser considerada propriamente um sistema de comunicação.

É um sistema para expressar o pensamento, o que é bastante diferente. Ela pode, naturalmente, ser usada para a comunicação, assim como qualquer coisa que as pessoas fazem – a maneira de andar ou o estilo das roupas ou do cabelo, por exemplo. Entretanto, em qualquer sentido útil do termo, comunicação não é *a* função da linguagem, podendo não ter nem mesmo nenhuma importância específica para a compreensão das funções e da natureza da linguagem. Hauser cita a chacota de Somerset Maugham: "Se ninguém falasse a não ser quando tivesse algo a dizer, (…) a raça humana perderia o uso da fala muito rapidamente." Seu argumento parece bastante preciso, mesmo deixando de lado o fato de que o uso da linguagem é, em larga medida, destinado à própria pessoa: "discurso interior" para os adultos, monólogo para as crianças. Além do mais, seja qual for o mérito que possa haver em conjeturar sobre os processos seletivos que poderiam, ou não, ter moldado a linguagem humana, eles não dependem crucialmente da crença de que o sistema é fruto de algum modo de comunicação. Podemos inventar histórias igualmente meritórias (isto é, igualmente sem propósito) sobre a vantagem conferida por uma série de pequenas mutações que facilitaram o planejamento e a clarificação do pensamento; talvez histórias até menos fantásticas, visto que é desnecessário supor que as mutações ocorreram paralelamente no grupo – não que eu esteja propondo esta ou qualquer outra história. Existe um abundante registro do infeliz destino de uma série de histórias sobre o que poderia ter acontecido, histórias que eram perfeitamente plausíveis, até que se aprendesse algo sobre o que realmente aconteceu – e em campos onde muito mais é conhecido.

Em relação ao mesmo assunto, é digno de nota que a linguagem humana nem mesmo apareça na "taxonomia da informação comunicativa" (acasalamento, sobrevivência, identidade do chamador) de Hauser. A linguagem pode ser usada seguramente para gritos de alarme, identificação do falante, e assim por diante, mas estudar o funcionamento da linguagem nesses termos seria desesperadamente equivocado.

Uma dificuldade relacionada a isso é que Hauser restringe a perspectiva funcional a "soluções adaptativas". Isso limita nitidamente o estudo da evolução, um ponto que Darwin enfatizava vigorosamente e que agora é muito mais bem entendido. De fato, Hauser menciona casos e mais casos de características que não têm função adaptativa, tal como ele argumenta – características que aparecem apenas em situações artificialmente produzidas, sem similares na natureza.

Essas questões são raramente discutidas. O que citei são observações espalhadas, uma sentença aqui e outra ali. Elas indicam, não obstante, a imensidão das falhas que encontraremos pela frente se levarmos a perspectiva etológica a sério – como naturalmente devemos, assim acredito e tenho argumentado durante quarenta anos[14]. As especulações de Hauser sobre o futuro da pesquisa no campo da evolução da linguagem humana destacam o mistério. Ele se refere aos dois problemas básicos e semelhantes: é necessário considerar (1) a explosão maciça do léxico e (2) o sistema recursivo de geração de uma variedade infinita de enunciados dotados de significado. Para este último, nenhuma especulação é apresentada. Quanto a (1), Hauser informa que não há nada análogo no reino animal, nem mesmo em sua própria especialidade (pri-

---

14. N. Chomsky (1959), "Review of B. F. Skinner", em: *Verbal Behavior Language* 35.1:26-57.

matas não-humanos). Observa que a precondição para a explosão do léxico é uma capacidade humana inata de imitar, a qual ele considera fundamentalmente diferente de qualquer coisa no mundo animal, talvez única. Ele conseguiu encontrar somente uma possível exceção: macacos* que passam por treinamento. Sua conclusão é que "certos traços do ambiente humano são necessários para desenvolver, nos macacos, a capacidade de imitar", o que, se for verdade, parece implicar que a capacidade não é resultado da seleção adaptativa à qual ele e outros insistem que devemos nos restringir ao estudar a evolução. Quanto às origens da capacidade humana de imitar, ele salienta que nada sabemos sobre ela, e pode ser que nunca consigamos descobrir quando – ou, quanto a essa matéria, como – ela apareceu na evolução hominídea.

Além do mais, como muitos outros, Hauser subestima seriamente as diferenças – em termos de propriedades estruturais e funcionais essenciais – entre o uso humano das palavras para referir e os raros exemplos de "sinais referenciais" em outras espécies, inclusive em alguns macacos (possivelmente alguns primatas superiores, embora a evidência, ele diz, seja incerta), assunto que vai muito além das questões de referência deslocada e referência não situacional. Além disso, ele exagera muito ao afirmar o que já foi demonstrado. Desse modo, citando algumas especulações cautelosas de Darwin, escreve que "assim *aprendemos* duas lições importantes" sobre a "evolução da linguagem humana": que "a estrutura e a função da linguagem humana podem ser explicadas pela seleção natural" e que "o elo mais impressionante entre

---

* *Ape*: em inglês, qualquer dos quatro primatas, geralmente sem cauda: gorila, chimpanzé, orangotango e gibão. (N. da T.)

as formas de comunicação humana e animal não humana encontra-se na capacidade de expressar o estado emocional". De modo semelhante, Steven Pinker "*demonstra* como uma explicação darwiniana da evolução da linguagem é a única explicação possível, (...) porque a seleção natural é o único mecanismo que pode responder pelos complexos traços configuracionais de uma característica como a linguagem" (a ênfase é minha). Seria notável se alguma coisa sobre a evolução da linguagem humana tivesse sido "demonstrada", sem falar na alegação citada, muito mais ambiciosa. Seria também notável se pudéssemos "aprender" algo significativo a partir de especulações sobre o tópico. Certamente nada tão surpreendente aconteceu. Especulações cautelosas e declarações confiantes não *demonstram* nada, e o máximo que *aprendemos* é que pode haver um caminho útil a ser tomado. Talvez.

Isso posto, as conclusões supostamente demonstradas fazem pouco sentido, a não ser em uma leitura caridosa. De modo incontroverso, a seleção natural opera dentro de um espaço de opções determinadas pela lei natural (e contingências históricas/ecológicas), e seria o mais completo dogmatismo fazer proclamações *a priori* sobre o papel desses fatores no que está para acontecer. Isso é verdade tanto para a manifestação da série Fibonacci na natureza como para a linguagem humana, ou qualquer outra coisa, no mundo biológico. O que foi "demonstrado" ou "persuasivamente argumentado" é que a seleção natural é considerada, de modo plausível, um fator primário na evolução, como Darwin afirmou e ninguém (nos círculos que Hauser considera) nem sequer questiona. Por qual razão ele decidiu que eu insisti (ou alguém insistiu) em que "a teoria da seleção natural não pode explicar os traços configuracionais da linguagem humana", isso ele não diz (e é notoriamente falso, mediante a caridosa leitura necessária para garantir algum sentido à afirmação). Para além das suposições geralmente compartilhadas sobre seleção natural e outros mecanismos da evolução, tenta-se descobrir o que aconteceu, quer estudando o olho, o pescoço da girafa, os ossos do ouvido médio, os sistemas visuais dos mamíferos, a linguagem humana ou qualquer outra coisa. Declarações confiantes não devem ser confundidas com demonstração ou mesmo argumentação persuasiva.

Embora eu suponha que Hauser negaria isto, parece-me que, examinadas de perto, suas conclusões efetivas não diferem muito do extremo ceticismo de seu colega de Harvard, o biólogo evolutivo Richard Lewontin, que conclui – necessariamente – que a evolução da cognição está simplesmente além do alcance da ciência contemporânea[15].

A enunciação de tão remotas metas leva a algumas proposições que, no meu entender, são estranhas: por exemplo, a de que "o cérebro, o aparelho fonador e a linguagem do homem parecem ter evoluído em conjunto", tendo por finalidade a comunicação lingüística. Hauser toma emprestada do neurocientista Terrence Deacon[16] a noção de co-evolução da linguagem e do cérebro. Deacon argumenta que estudiosos da linguagem e de sua ontogênese – as duas primeiras perspectivas da abordagem etológica – estão cometendo um grave erro ao adotarem a abordagem padrão das neurociências, que consiste em procurar descobrir um componente geneticamente determinado do órgão mente-cérebro e suas mudanças de estado através da experiência e do amadurecimento.

---

15. Richard Lewontin (1990), em: Osherson e Smith (1990), pp. 229-46.
16. Terrence Deacon (1998), *The Symbolic Species: The Co-evolution of Language and the Brain* (Nova York: Norton).

Eles deixaram passar uma alternativa mais promissora: a de que "o suporte extra para o aprendizado da linguagem", para além dos dados da experiência, "não está alojado nem no cérebro da criança, nem no cérebro dos pais ou professores, mas fora do cérebro, na própria linguagem". Linguagem e línguas são entidades extra-humanas dotadas de notável "capacidade (...) de evoluir e adaptar-se com respeito aos hospedeiros humanos". Essas criaturas não são apenas extra-humanas, mas aparentemente estão fora de todo o mundo biológico.

O que são essas entidades estranhas, e de onde vieram? O que elas são ainda não foi esclarecido, só se sabe que evoluíram para incorporar as propriedades da linguagem, erroneamente atribuídas ao cérebro. Sua origem não é menos misteriosa, embora, uma vez que, de algum modo, apareceram, "as línguas do mundo tenham evoluído espontaneamente", por meio da seleção natural, em um processo de "adaptação impetuosa" que "prosseguiu fora do cérebro humano". Desse modo, "elas se tornaram cada vez mais bem adaptadas às pessoas" – como parasitas e hospedeiros ou, talvez, como presa e predador no familiar ciclo de co-evolução; ou talvez os vírus ofereçam a melhor analogia, ele sugere. Também derivamos uma explicação das propriedades universais da linguagem: elas "afloraram espontânea e independentemente em cada linguagem em evolução (...) São características *convergentes* da evolução da linguagem", como as nadadeiras dorsais dos tubarões e golfinhos. Tendo evoluído espontaneamente e adquirido as propriedades universais da linguagem pela rápida seleção natural, uma dessas criaturas extra-humanas fixa-se em minha neta em New England, e outra diferente, em minha neta na Nicarágua – efetivamente ela está infectada por dois desses misteriosos vírus. É um erro buscar uma explicação do resultado, nestes e em todos os outros casos, investigando a interação entre a experiência e a estrutura inata do cérebro. Em vez disso, os parasitas certos, de algum modo místico, fixam-se em hospedeiros em uma comunidade específica – como num "passe de mágica", tomando emprestada a expressão de Deacon para as suposições usuais da ciência naturalista –, produzindo seu conhecimento de línguas específicas.

Deacon concorda, evidentemente, que as crianças têm "predisposição para aprender línguas humanas" e "são fortemente tendenciosas em suas escolhas" das "regras subjacentes à linguagem", adquirindo em poucos anos "um sistema de regras imensamente complexo e um rico vocabulário", em um período da vida em que não podem nem sequer aprender aritmética elementar. Assim, há "alguma coisa especial no cérebro humano que nos capacita a fazer com facilidade o que nenhuma outra espécie pode fazer, ainda que minimamente, sem um intenso esforço e um treinamento notadamente criterioso". É, todavia, um equívoco abordar essas predisposições e estruturas especiais do cérebro do modo como fazemos com outros aspectos da natureza – o sistema visual, por exemplo; ninguém proporia que o órgão visual dos insetos e mamíferos evoluiu espontaneamente por meio da rápida seleção natural e agora fixam-se em hospedeiros, produzindo as capacidades visuais das abelhas e dos macacos; ou que a dança cambaleante das abelhas ou o grito dos cercopitecos são parasitas externos, que co-evoluíram para fornecer as capacidades do hospedeiro. No caso especial da linguagem humana, contudo, não devemos seguir o rumo normal das ciências naturais, procurando determinar a natureza das "predisposições" e "estruturas especiais", bem como os modos como estas se efetivam nos mecanismos do cérebro (caso em que as entidades extra-orgânicas que co-evoluíram com a linguagem desaparecem de cena).

Uma vez que, neste caso único, "vírus" extra-orgânicos evoluíram de tal modo que se fixaram em hospedeiros exatamente do modo certo, não precisamos atribuir à criança uma "teoria geral de aprendizagem". Descobrimos isso assim que superamos a surpreendente omissão dos lingüistas e psicólogos em reconhecer que as línguas do mundo – na verdade, as possíveis línguas que até o momento não são faladas – podem ter evoluído espontaneamente, fora dos cérebros, vindo a "incorporar as predisposições da mente das crianças" por meio da seleção natural.

Há um sentido no qual as propostas de Deacon estão na pista certa, acredito. A idéia de que a criança não necessita de mais que uma "teoria geral de aprendizagem" para atingir a linguagem e outros estados cognitivos somente pode ser sustentada por meio de manobras verdadeiramente heróicas. Esse é um impulso básico da terceira das teses estruturais apresentadas no início, e para a qual retornamos diretamente. Praticamente a mesma conclusão é ilustrada pelos pressupostos inatistas e modulares, extraordinariamente ricos, embutidos nas tentativas de implementar o que muitas vezes é apresentado enganosamente como teorias gerais não estruturadas da aprendizagem; assim como pelos pressupostos, não menos extraordinários, sobre estrutura inata, embutidos em abordagens baseadas em especulações de cenários evolutivos que assumem explicitamente uma extrema modularidade[17].

O único problema verdadeiro, argumenta Deacon, é a "referência simbólica"; o resto se encaixará no lugar certo, se a explicarmos em termos evolutivos. De que

---

17. Para a discussão atual desses tópicos, ver, entre outros, Jerry Fodor (2000), *The Mind Doesn't Work That Way: Scope and Limits of Computational Psychology* (Cambridge, MA: MIT Press); Gary Marcus (1998), "Can connectionism save constructivism?", em: *Cognition* 66: 153-182.

modo o resto se encaixará no lugar certo, isso não é discutido. Todavia, talvez isso não tenha importância, já que a "referência simbólica" também é deixada como um mistério completo, em parte devido à não consideração de suas propriedades mais elementares na linguagem humana.

Apresentei citações porque não tenho idéia do que isso significa. E o entendimento não é facilitado por uma explicação de "lingüística" (inclusive visões atribuídas a mim) que é irreconhecível, com alusões tão vagas que muitas vezes é difícil até mesmo adivinhar o que poderia ter sido a fonte do equívoco (às vezes é fácil; por exemplo, um engano de terminologia usada em sentido técnico, como "competence" [competência]). Qualquer que seja o sentido, a conclusão parece ser que é um erro investigar o cérebro para descobrir a natureza da linguagem humana; em vez disso, estudos da linguagem devem tratar das entidades extrabiológicas que co-evoluíram com os humanos e, de algum modo, "agarraram-se" a eles. Essas proposições foram muito aclamadas por importantes psicólogos e biólogos evolutivos, mas não vejo por quê. Consideradas com toda a seriedade, elas parecem apenas reformatar problemas básicos da ciência como mistérios absolutos, colocando-os além de qualquer esperança de entendimento, ao mesmo tempo que impõem uma barreira aos procedimentos de investigação racional tidos como certos por centenas de anos.

Voltando à tese metodológica de que deveríamos adotar uma abordagem etológica, pode-se dizer que ela é bastante razoável em princípio, mas que os meios pelos quais ela é buscada levantam muitas perguntas. Até onde posso ver, o renovado apelo à adoção dessa abordagem, tal como se defendeu há quarenta anos na literatura crítica sobre "ciência comportamental", deixa-nos aproximadamente onde estávamos. Podemos estudar o componente geneticamente determinado do cérebro – e talvez mais que o cérebro – que é destinado à estrutura e ao uso da linguagem, bem como os estados que ele atinge (as várias línguas), e podemos investigar o processo pelo qual as mudanças de estado ocorrem (aquisição de linguagem). Podemos tentar descobrir os mecanismos e princípios psicológicos e fisiológicos, unificando-os, problemas padrão da ciência. Essas investigações constituem as duas primeiras perspectivas da abordagem etológica: o estudo dos mecanismos e da ontogênese. Passando à terceira perspectiva, a funcional, podemos investigar o uso da linguagem por parte da pessoa que atingiu um estado específico, embora a restrição para efeitos de sobrevivência e reprodução seja muito maior se esperamos entender mais sobre linguagem. A quarta perspectiva – filogênese – parece, na melhor das hipóteses, uma expectativa remota e não muito desenvolvida pelos estudos de comunicação comparada, uma matéria totalmente diferente.

Passemos, finalmente, à terceira tese que mencionei, citando Gallistel: a tese essencial de que, em todos os animais, o aprendizado está baseado em mecanismos especializados, "instintos para aprender" de modos específicos; aquilo a que Tinbergen chamava "disposições inatas para aprender"[18]. Esses "mecanismos de aprendizado" podem ser considerados "órgãos dentro do cérebro [que] são circuitos neurais cuja estrutura torna-os capazes de executar um tipo especial de computação", o que fazem mais ou menos por reflexo, a não ser em "ambientes ex-

---

18. Ver Chomsky (1959) e, para uma discussão mais geral, centrada na linguagem, Chomsky (1975), *Reflections on Language* (Nova York: Pantheon).

tremamente hostis". Nesse sentido, a aquisição humana de linguagem é instintiva, tendo por base um "órgão da linguagem" especializado. Essa "visão modular do aprendizado", Gallistel a supõe como "a norma atual em neurociência". Ele argumenta que esta estrutura inclui tudo o que é suficientemente bem compreendido, incluindo o condicionamento, à medida que é um fenômeno real. "Imaginar que, além de todos esses mecanismos de aprendizagem de problemas específicos, exista um mecanismo de aprendizado de propósito geral (…) é como tentar imaginar a estrutura de um órgão de propósito geral, o órgão que cuida de problemas dos quais não se ocupam os órgãos adaptativamente especializados como o fígado, os rins, o coração e os pulmões", ou um "órgão sensorial com propósitos gerais, que resolva o problema de sentir" para os casos não controlados pelos olhos, ouvidos e outros órgãos sensoriais. Não se tem conhecimento de nada semelhante a isso em biologia: "Especialização adaptável de mecanismo é tão onipresente e tão óbvia em biologia, em todos os níveis de análise e para todo tipo de função, que ninguém pensa ser necessário chamar a atenção para isso como um princípio geral sobre mecanismos biológicos." Conseqüentemente, "é estranho, mas é verdade, que a maior parte da teorização passada e contemporânea sobre aprendizado" distancie-se tão radicalmente do que é tomado por certo no estudo dos organismos – um erro, ele argumenta.

Até onde sei, a abordagem que Gallistel recomenda é correta. No caso específico da linguagem, parece-me que essa abordagem é adotada por toda investigação significativa, pelo menos tacitamente, mesmo quando isso é negado vigorosamente. É difícil evitar a conclusão de que uma parte do patrimônio biológico humano é um "órgão da linguagem" especializado, a faculdade de linguagem

(FL). Seu estado inicial é uma expressão dos genes, comparável ao estado inicial do sistema visual humano, e parece ser, por aproximação, uma posse humana comum. Dessa forma, uma criança típica, sob condições apropriadas, adquirirá qualquer língua, mesmo em déficit severo e em "ambientes hostis". O estado inicial muda com o efeito deflagrador e modelador da experiência, bem como com processos de amadurecimento internamente determinados, produzindo estados posteriores que parecem estabilizar em várias etapas e, finalmente, perto da puberdade. Podemos imaginar o estado inicial da FL como um dispositivo que mapeia a experiência para dentro do estado L atingido: um "dispositivo de aquisição de língua" (DAL). A existência desse DAL é vista algumas vezes como controversa, contudo não o é mais que a suposição (equivalente) de que há um "módulo de linguagem" dedicado que responde pelo desenvolvimento lingüístico de uma criança, distinguindo-o do de seu gatinho de estimação (ou chimpanzé ou qualquer outro), quando submetidos essencialmente à mesma experiência. Mesmo as especulações "behavioristas radicais" mais extremas pressupõem (pelo menos tacitamente) que uma criança pode de alguma forma distinguir materiais lingüísticos do resto da confusão à volta destes, postulando, assim, a existência da FL (= DAL)[19]; e, à medida que a discussão sobre a aquisição de língua torna-se mais significativa, passa-se a adotar, relativamente ao órgão da linguagem, pressupostos mais ricos e específicos desse domínio – sem exceção, até onde sei. Isso inclui a aquisição de itens lexicais, que demonstram uma rica e comple-

---

19. Sobre a não-trivialidade dessa suposição raramente reconhecida, ver Fodor (2000).

xa estrutura semântica (mesmo o mais simples deles). O conhecimento disponível sobre essas propriedades apóia-se em uma quantidade muito limitada de provas, e, conseqüentemente, seria de esperar que fosse essencialmente uniforme entre as línguas; e é, até onde se sabe.

Aqui mudamos para questões essenciais dentro das três primeiras perspectivas da abordagem etológica, embora novamente sem restringir a investigação do uso da linguagem a conseqüências de adequação: sobrevivência e reprodução. Podemos investigar as propriedades fundamentais das expressões lingüísticas e seu uso para expressar o pensamento, às vezes para se comunicar e às vezes para pensar ou falar sobre o mundo. Com relação a isso, a pesquisa comparativa de animais certamente merece atenção. Tem havido trabalhos importantes sobre o problema da *representação* em várias espécies. Há poucos anos, Gallistel apresentou um compêndio de artigos publicados em revistas sobre esse tópico, argumentando que as representações desempenham um papel decisivo no comportamento e na cognição animal. Nesse caso, "representação" é entendida como isomorfismo, ou seja, uma relação de um para um entre processos mente-cérebro e "um aspecto do ambiente para o qual esses processos adaptam o comportamento animal" – por exemplo, quando uma formiga representa o cadáver de sua mesma espécie por seu odor[20]. A questão de saber se os resultados têm relação com o mundo mental dos humanos (e de como se dá essa relação) é legítima. No caso da linguagem, a possível relação se daria com o que é chamado de "fonética" ou "representação semântica".

---

20. C. R. Gallistel (org.) (1990), *Animal Cognition, Cognition*, edição especial, 37.1-2.

Conforme observado do ponto de vista biolingüístico que me parece apropriado – e que é tacitamente adotado em uma quantidade significativa de trabalhos –, podemos imaginar uma língua particular L como um estado da FL. L é um procedimento recursivo que gera uma infinidade de expressões. Cada expressão pode ser vista como uma coleção de informações para outros sistemas do órgão mente-cérebro. O pressuposto tradicional, que remonta a Aristóteles, é que as informações ajustam-se a duas categorias: fonética e semântica; informações que são usadas, respectivamente, por sistemas sensório-motores e sistemas conceituais-intencionais – estes últimos são "sistemas de pensamento", para dar um nome a algo ainda insuficientemente entendido. Isso poderia muito bem ser um sério excesso de simplificação, mas nos atenhamos à convenção. Cada expressão, então, é um objeto interno que consiste em duas coleções de informação: fonética e semântica. Essas coleções são chamadas "representações", representações fonéticas e semânticas, mas não há nenhum isomorfismo entre as representações e os aspectos do ambiente. Não há emparelhamento de símbolo interno com coisa representada, em nenhum sentido útil.

No que concerne ao som, isso é tomado por certo. Não seria falso dizer que um elemento de representação fonética – digamos, o elemento interno /ba/ em minha língua – escolhe uma coisa no mundo, isto é, o som BA. Mas essa não seria uma manobra útil, e nunca é feita. Em vez disso, a fonética acústica e articulatória procura entender como o sistema sensório-motor usa a informação na representação fonética, para produzir e interpretar sons, tarefa que não é trivial. Podemos considerar a representação fonética uma série de instruções para os sistemas sensório-motores, mas nenhum elemento específico da representação interna faz par com alguma categoria de eventos no mundo exterior, talvez seja uma construção baseada em movimentos de moléculas. Conclusões similares parecem-me apropriadas em termos de sentido. É sabido, pelo menos desde Aristóteles, que até as palavras mais simples incorporam informações de tipos muito diferentes: sobre constituição material, configuração e uso pretendido, origem, propriedades gestálticas e causais, e muito mais. Esses tópicos foram explorados com certa profundidade durante a revolução cognitiva dos séculos XVII e XVIII, embora boa parte dos trabalhos, mesmo no que se refere à bem estudada tradição empírica de Hobbes a Hume, continue pouco conhecida fora do campo dos estudos históricos. As conclusões são mantidas para substantivos simples, contáveis e não-contáveis – "rio", "casa", "árvore", "água", nomes de pessoas e de lugares –, "termos referenciais mais puros" (pronomes, categorias vazias) e assim por diante; e as propriedades tornam-se mais complicadas à medida que nos movemos para elementos com estrutura relacional (verbos, tempo e aspecto, ...) e, naturalmente, mais ainda quando passamos para expressões mais complexas. Quanto ao momento da ontogênese em que esses complexos sistemas de conhecimento entram em funcionamento, pouco se sabe, mas há muitas razões para supor que os elementos essenciais são parte integrante do patrimônio biológico inato, tanto quanto a capacidade de visão estereoscópica ou os diferentes tipos de planejamento motor, elucidados com considerável riqueza e especificidade por ocasião da percepção, para usar a terminologia do início da revolução científica moderna.

Parece não haver nada análogo no resto do mundo animal, mesmo no nível mais simples. Não se pode negar que a exploração maciça do léxico e a representação simbólica são componentes cruciais da linguagem humana, mas a invocação da imitação ou da correspondência entre coisa e símbolo não nos leva muito longe, e mesmo esses poucos passos poderão estar no caminho errado. Quando nos voltamos para a organização e geração de representações, as analogias que vão além do nível mais superficial desmoronam muito depressa.

Essas propriedades da linguagem são quase que imediatamente óbvias quando examinadas – o que não quer dizer que sejam profundamente investigadas ou bem compreendidas; elas não o são. Prosseguindo, encontramos outras propriedades enigmáticas. Os componentes das expressões – seus *traços*, na terminologia padrão – devem ser interpretáveis pelos sistemas que os acessam. As representações na interface com o sistema sensório-motor e com o sistema do pensamento consistem em traços interpretáveis. Conseqüentemente, deveríamos esperar que os traços que entram na computação fossem interpretáveis, como nos bem projetados sistemas simbólicos artificiais: sistemas formais para a metamatemática, linguagens de computador etc. Mas isso não é verdadeiro para a linguagem natural; no que se refere ao som, talvez nunca se ajuste. Um caso crucial está relacionado com os traços flexionais que não recebem interpretação semântica: caso estrutural (nominativo, acusativo), ou traços de concordância como a pluralidade (interpretável em substantivos, porém não em verbos ou adjetivos). Os fatos não são óbvios em formas superficiais, mas são razoavelmente bem comprovados. Os trabalhos desenvolvidos nos últimos vinte anos fornecem razões consideráveis para suspeitar que esses sistemas de traços ininterpretáveis sejam totalmente similares entre as línguas, embora a manifestação externa dos traços seja sistematicamente diferente; e que boa parte da variedade tipológica da linguagem se reduza a este subcomponente bastante limitado da linguagem. Pode ser, então, que o sistema computacional recursivo do órgão da linguagem seja fixo e determinado, uma expressão dos genes, juntamente com a estrutura básica dos possíveis itens lexicais. Um determinado estado da FL – uma língua interna específica – é determinado por uma seleção entre os possíveis itens lexicais altamente estruturados e os parâmetros fixadores restritos aos traços flexionais ininterpretáveis e sua manifestação. Isso não seria mal para uma primeira aproximação, ou talvez até mais que isso.

Parece que os mesmos traços ininterpretáveis podem estar implicados na onipresente propriedade de deslocamento que a linguagem natural possui. O termo refere-se ao fato de que os sintagmas são comumente articulados em uma posição, porém interpretados como se estivessem em outro lugar, onde podem estar em expressões semelhantes: o sujeito deslocado de uma construção passiva, por exemplo, interpretado como se estivesse na posição do objeto, em uma relação local com o verbo que atribui a ele um papel semântico. O deslocamento tem propriedades semânticas interessantes. Pode ser que os sistemas "externos" de pensamento (externos em relação à FL, internos em relação à mente-cérebro) exijam que a FL gere expressões com essas propriedades, para que possam ser interpretadas adequadamente. Existe também razão para acreditar que os traços ininterpretáveis sejam o mecanismo de implementação da propriedade de deslocamento, talvez até mesmo um mecanismo ótimo para satisfazer essa condição imposta externamente à faculdade de linguagem. Se assim for, então, nem a propriedade de deslocamento nem os traços ininterpretáveis seriam "imperfeições" da FL, "falhas de projeto" (usando aqui, naturalmente, o termo "projeto" no sentido metafórico). Estas e outras considerações levantam questões mais gerais sobre o projeto ótimo: poderia a FL ser uma solução ótima para condições interfaciais impostas pelos sistemas da mente-cérebro nos quais está inserida (o sistema sensório-motor e o do pensamento)?

Apenas bastante recentemente tais perguntas têm sido seriamente formuladas. Não poderiam ter surgido antes que houvesse uma compreensão razoavelmente boa dos princípios fixos da faculdade de linguagem e das restritas opções que produzem a rica variedade tipológica que sabemos que deve ser bastante superficial, dadas as condições empíricas da aquisição de língua. Embora naturalmente parcial e experimental, essa compreensão tem crescido notadamente nos últimos vinte anos. Agora, parece que perguntas sobre o projeto ótimo podem ser formuladas seriamente e às vezes respondidas. Além do mais, a idéia de que a linguagem pode ser uma solução ótima para condições interfaciais, em aspectos não triviais, parece bastante mais plausível do que era alguns anos atrás. Na medida em que isso é verídico, surgem perguntas interessantes sobre a teoria da mente, a configuração do cérebro e o papel da lei natural na evolução de órgãos até mesmo mais complexos, como a faculdade de linguagem; perguntas que estão muito vivas, em níveis elementares, na teoria da evolução, em trabalhos do tipo daqueles em que D'Arcy Thompson e Alan Turing foram pioneiros, e que estiveram um pouco à margem até recentemente. É concebível que a abrangente abordagem etológica discutida anteriormente pudesse ser enriquecida nesses termos, embora essa continue sendo uma perspectiva remota.

Mais remotas ainda são as questões fundamentais que motivaram a teoria clássica da mente – o aspecto criativo do uso da linguagem, a distinção entre ação apropriada para situações e ação causada por situações, entre ser "compelido" a agir de certo modo ou apenas ser "incitado ou inclinado" a fazê-lo; e a questão geral de como os "membros do corpo dos animais se movem sob o comando da vontade". A frase é de Newton, em sua resenha dos mistérios que permanecem insolúveis, inclusive as causas da interação dos corpos, da atração e repulsão elétricas, bem como outros temas básicos que continuam ininteligíveis pelos padrões da revolução científica.

Em alguns campos, a investigação dos componentes da mente-cérebro conseguiu enormes progressos. Há um entusiasmo justificado com respeito à promessa de novas tecnologias e uma abundância de trabalhos instigantes de exploração dos aspectos mentais do mundo (e seu afloramento) esperando para serem executados. Não é uma má idéia, todavia, guardar em algum canto de nossa mente o juízo de grandes figuras do início da ciência moderna (Galileu, Newton, Hume e outros) a respeito da "obscuridade" na qual "os segredos definitivos da natureza sempre permanecerão", talvez por razões enraizadas no patrimônio biológico da curiosa criatura que sozinha é capaz até de refletir sobre essas perguntas.

CAPÍTULO 4
UMA ENTREVISTA SOBRE O MINIMALISMO*

NOAM CHOMSKY
*com Adriana Belletti e Luigi Rizzi***

1. As raízes do Programa Minimalista

AB & LR: Para começar com uma nota pessoal, vamos tomar as Conferências de Pisa como ponto de partida[1]. Você freqüentemente caracteriza a abordagem surgida de seus seminários em Pisa, há vinte anos, como uma grande mudança de direção na história de nosso campo. Como você caracterizaria essa guinada hoje?

NC: Bem, não acredito que ela tenha ficado clara logo de início, mas, em retrospecto, houve um período que a precedeu, de vinte anos talvez, no qual tinha havido uma tentativa de chegar a um acordo com um tipo de paradoxo que surgiu assim que foram feitos os primeiros esforços para estudar a estrutura da linguagem com muita se-

---
* Universidade de Siena, 8-9 de novembro de 1999; atualizada em 16 de março e 18 de junho de 2000.
** Gostaríamos de agradecer a Marco Nicolis e Manola Salustri pela ajuda na organização da edição.
1. Noam Chomsky (1981), *Lectures on Government and Binding* (Dordrecht: Foris Publications).

riedade, com regras mais ou menos rigorosas, um esforço para dar uma explicação precisa para a infinita variação das estruturas da linguagem. O paradoxo era que, para que se pudesse dar uma explicação descritiva precisa, parecia necessário haver uma enorme proliferação de grande variedade de sistemas de regras, regras diferentes para construções gramaticais diferentes. Por exemplo, orações relativas parecem diferentes de orações interrogativas e o SV em húngaro é diferente do SN, e todos eles são diferentes do inglês; assim, o sistema explodiu em complexidade. Por outro lado, ao mesmo tempo, pela primeira vez realmente, foi feito um esforço para tratar do que posteriormente veio a ser chamado de problema lógico da aquisição de língua. Obviamente, as crianças que adquirem esse conhecimento não têm muitos dados. Podemos, de fato, estimar de modo bem aproximado o total de dados que elas têm, e ele é muito limitado; ainda assim, as crianças, de algum modo, atingem esses estados de conhecimento que têm aparentemente grande complexidade, diferenciação e diversidade – e isso não pode ser. Cada criança é capaz de atingir qualquer um desses estados. Elas não são especialmente configuradas para um ou para outro, portanto a estrutura básica da linguagem deve ser essencialmente uniforme e vir de dentro, não de fora. Mas, nesse caso, isso parece incoerente com a diversidade e proliferação observadas, portanto há uma espécie de contradição, ou pelo menos uma tensão, uma forte tensão entre o esforço para dar uma explicação adequada em termos descritivos e o esforço para explicar a aquisição do sistema, o que foi chamado adequação explanatória.

Já na década de 50, estava claro que havia um problema e houve muitos esforços para lidar com ele. A saída óbvia foi tentar mostrar que a diversidade das regras é superficial, que você pode encontrar princípios muito gerais aos quais todas as regras aderem, e, se você abstrair esses princípios das regras e atribuí-los ao patrimônio genético da criança, então os sistemas remanescentes parecerão muito mais simples. Essa é a estratégia da pesquisa. Isso foi iniciado por volta da década de 60, quando foram descobertas várias condições sobre as regras. A idéia é que, se você puder fatorar as regras em condições universais e em resíduo, então o resíduo torna-se mais simples e a criança tem de adquirir apenas ele. Isso continuou por um longo tempo, com esforços para reduzir a variedade e complexidade das gramáticas de estrutura sintagmática, das gramáticas transformacionais e assim por diante, dessa maneira[2]. Assim, por exemplo, a teoria X-barra foi uma tentativa de mostrar que os sistemas de estrutura sintagmática não têm a variedade e complexidade que parecem ter, porque existe um arcabouço geral ao qual todos se ajustam, e que você tem de mudar apenas alguns traços desse sistema geral para obter os particulares.

O que aconteceu em Pisa foi que, de algum modo, esse trabalho foi organizado pela primeira vez nos seminários e surgiu um método para uma espécie de corte completo do nó górdio: ou seja, para eliminar regras e construções de uma só vez. Desse modo, você não tem regras complexas para construções complexas, porque não há regras e não há construções. Não há coisas como o SV em japonês ou a oração relativa em húngaro. Em vez disso, existem apenas princípios extremamente gerais, como "mover alguma coisa para algum lugar" sob condições fixas que foram propostas, e depois há opções

---

2. Ver, por exemplo, os artigos reunidos em Noam Chomsky (1977), *Essays on Form and Interpretation* (Nova York: North Holland).

que têm de ser fixadas, escolhas paramétricas: assim, o núcleo da construção primeiro ou último, sujeito nulo ou sujeito não nulo e assim por diante. Dentro dessa estrutura de princípios fixos e opções a serem selecionadas, as regras e construções desaparecem, tornam-se artefatos.

Houve indícios de que existia algo errado com a noção inteira de sistemas de regras e construções. Por exemplo, houve um longo debate sobre construções como, digamos, *John is expected to be intelligent* [espera-se que John seja inteligente]: esta é uma construção passiva como *John was seen* [John foi visto] ou é uma construção de alçamento como *John seems to be intelligent* [John parece ser inteligente]? E tinha que ser uma ou outra, porque tudo era uma construção, mas, na verdade, pareciam ser a mesma coisa. Era o tipo da controvérsia em que você sabe que está falando sobre a coisa errada, porque o que quer que você decida não parece ter importância. Bem, a resposta certa é que, de qualquer maneira, não há construção nenhuma, nem passiva nem de alçamento: existe apenas a opção de deslocar, sob certas condições, algo que está em outro lugar, e em certos casos isso resulta no que é tradicionalmente chamado de passiva, e, em outros casos, em uma pergunta, e assim por diante, mas as construções gramaticais são deixadas como artefatos. Em certo sentido, elas são reais; não que não haja orações relativas, mas elas são um tipo de artefato taxonômico. São como "mamífero terrestre" ou algo semelhante. "Mamífero terrestre" é uma categoria, porém não uma categoria biológica. É a interação de várias coisas, e é a isso que as construções tradicionais parecem se assemelhar, SVs, orações relativas e assim por diante.

Toda a história do sujeito, durante milhares de anos, foi uma história de regras e construções, e, nos primeiros dias, a gramática transformacional, a gramática gerativa, apenas assumiu o controle disso. Assim, a gramática gerativa inicial teve uma intuição muito tradicional. Existe uma seção sobre a Passiva em alemão e outra seção sobre o SV em japonês, e assim por diante: ela assumiu essencialmente o controle do arcabouço tradicional, tentou torná-lo preciso, fez novas perguntas etc. O que aconteceu nas discussões de Pisa foi que toda a estrutura foi virada de cabeça para baixo. Conseqüentemente, partindo desse ponto de vista, nada sobrou de toda a abordagem tradicional da estrutura da linguagem, além dos artefatos taxonômicos. Isso foi uma mudança radical e muito libertadora. Os princípios propostos estavam errados naturalmente, as escolhas paramétricas eram obscuras, e assim por diante, mas o modo de ver as coisas era totalmente diferente de tudo o que tinha havido antes, e isso abriu o caminho para uma enorme explosão de pesquisa em todos os tipos de áreas, tipologicamente muito variadas. Essa nova visão deu início a um período de grande excitação nesse campo. De fato, creio ser justo dizer que nos últimos vinte anos aprendeu-se mais sobre linguagem que nos dois mil anos precedentes.

AB & LR: Em algum ponto, e a partir de uma série de trabalhos dentro da abordagem dos Princípios e Parâmetros, surgiram algumas intuições de que considerações de economia poderiam ter papel maior que o previamente presumido, e isso deu origem ao Programa Minimalista[3]. O que estimulou o surgimento das intuições minimalistas? Isso esteve relacionado ao sucesso sistemático – dentro da abordagem dos Princípios e Parâmetros e também

---

3. Noam Chomsky (1995a), *The Minimalist Program* (Cambridge, MA: MIT Press). Ver também Juan Uriagereka (1998), *Rhyme and Reason* (Cambridge, MA: MIT Press), para uma introdução aos conceitos básicos e resultados empíricos do minimalismo.

antes – da estratégia de pesquisa que consiste em eliminar redundâncias, tornando os princípios progressivamente mais abstratos e gerais, buscando simetrias (por exemplo, na tipologia teoreticamente dirigida de elementos nulos) etc.?

NC: Efetivamente, todos esses fatores foram relevantes para o surgimento da abordagem dos Princípios e Parâmetros. Note que não é verdadeiramente uma teoria, é uma abordagem, uma estrutura que acelerou a busca por redundâncias que deviam ser eliminadas, fornecendo uma nova plataforma, da qual foi possível prosseguir – com um sucesso, de fato, muito maior. Já houvera esforços, obviamente, para reduzir a complexidade, eliminar redundâncias e assim por diante. Isso remonta a muito tempo atrás; é um compromisso metodológico que todos tentam manter e que foi acelerado com a estrutura dos Princípios e Parâmetros (P & P). Todavia houve também algo diferente, logo depois que este sistema começou a cristalizar-se por volta do início da década de 80. Mesmo antes da explosão real do trabalho descritivo e explanatório, começou a se tornar claro que poderia ser possível fazer novas perguntas que não haviam sido feitas antes. Não apenas a pergunta metodológica direta: podemos tornar nossas teorias melhores, podemos eliminar redundâncias, podemos demonstrar que os princípios são mais gerais do que imaginamos, desenvolver teorias mais explanatórias? Mas também: é possível que o próprio sistema da linguagem tenha sido projetado otimamente, isto é, que a linguagem seja perfeita? No início da década de 80, esse era o modo como eu começava todos os cursos – "Vamos partir da pergunta: a linguagem poderia ser perfeita?" –, e depois eu prosseguia o resto do semestre tentando tratar da pergunta, mas isso nunca funcionava, o sistema sempre se tornava muito complicado.

O que aconteceu perto do início da década de 90 foi que, de certo modo, isso começou a funcionar; uma quantidade suficiente de coisas foi compreendida, algo tinha acontecido, foi possível, na primeira aula do curso, fazer a pergunta: a linguagem poderia ser perfeita? e depois conseguir resultados que indicavam que isso não soa tão insensato quanto se poderia achar. Não tenho certeza sobre o porquê exato, mas, nos últimos sete ou oito anos, acredito ter havido indicações de que a pergunta pode ser feita seriamente. Existe sempre uma intuição por trás da pesquisa, e pode ser que ela esteja indo na direção errada. Porém, meu próprio juízo, se é que ele tem algum valor, é que foi demonstrado o suficiente para indicar que provavelmente não seja absurdo – e pode ser muito aconselhável – perguntar seriamente se a linguagem tem um tipo de projeto ótimo.

Mas o que significa, para a linguagem, ter um projeto ótimo? A própria pergunta foi aperfeiçoada, e várias abordagens foram concebidas para ela, a partir de diferentes pontos de vista. Houve uma troca entre duas questões relacionadas, porém distintas. Existe uma espécie de semelhança familiar entre o esforço dirigido metodologicamente para melhorar as teorias e o esforço substancialmente dirigido para determinar se o objeto em si tem certo projeto ótimo. Por exemplo, se você tentar desenvolver a teoria de um automóvel que não anda, com um projeto péssimo, que pára de funcionar, digamos, o carro velho que você tinha em Amherst, por exemplo. Se você quisesse desenvolver uma teoria desse carro, você ainda tentaria tornar a teoria tão boa quanto possível. O que quero dizer é que você pode ter um objeto péssimo, porém ainda querer tornar a teoria tão boa quanto possível. Portanto, existem, na verdade, duas questões separadas, semelhantes porém separadas. Uma é: vamos fazer nossa teoria ser tão boa quanto possível, seja qual for o objeto – um floco de neve, seu carro em Amherst, seja o que for... E a outra pergunta é: há algum sentido no qual o dispositivo seja ótimo? Ele é a melhor solução possível para algum conjunto de condições que deve satisfazer? São questões um tanto diferentes, e houve uma mudança da primeira pergunta, que é sempre apropriada (vamos construir a melhor teoria), para a segunda: a coisa que estamos estudando tem certo tipo de caráter ótimo? Isso não estava claro na ocasião: a maioria dessas coisas ficou clara olhando-se retrospectivamente. Pode ser que, ao fazer uma pesquisa, você apenas compreenda o que estava fazendo *depois*: primeiro você a faz e depois, se tiver sorte, entende o que estava tentando fazer e essas questões tornam-se claras com o decorrer do tempo. Agora você atingiu certo nível de entendimento, daqui a cinco anos você verá essas coisas de modo diferente.

AB & LR: Você já tratou da questão seguinte, que é sobre a distinção entre minimalismo metodológico e tese substantiva. Vamos, porém, voltar a esse assunto, já que você pode querer acrescentar alguma coisa. O Programa Minimalista envolve pressupostos metodológicos que são, em grande medida, comuns para o método pós-galileano das ciências naturais, o que algumas vezes é chamado de estilo galileano. De modo ainda mais geral, algumas dessas suposições são comuns na investigação racional humana (a navalha de Ockham, o aparato minimizador, a busca da simetria e da elegância etc.). Acima disso, todavia, parece existir uma tese substantiva sobre a natureza das línguas naturais. O que é a tese substantiva? Como o minimalismo metodológico e o substantivo estão relacionados?

NC: Realmente há muito a dizer sobre cada um desses tópicos. Tomemos, então, a expressão "estilo galileano". Emprestada de Husserl, essa expressão foi usada pelo físico nuclear Steven Weinberg, mas não apenas com relação à tentativa de aperfeiçoar teorias. Ele estava se referindo ao fato de que os físicos "dão um grau de realidade mais alto" aos modelos matemáticos do universo por eles construídos do que "ao mundo comum da sensação"[4]. O que foi notável com respeito a Galileu, e considerado muito ofensivo na época, foi que ele rejeitou muitos dados. Ele estava disposto a dizer: "Vejam, se os dados refutam a teoria, os dados provavelmente estão errados." E os dados que descartou não eram insignificantes. Por exemplo, ele defendia a tese de Copérnico, mas não era capaz de explicar por que os corpos não se desprendem da Terra; se a terra está girando, por que tudo não está solto no espaço? Da mesma forma, se olhar por um telescópio galileano, você não verá efetivamente as quatro luas de Júpiter, verá uma confusão terrível e terá de estar disposto a ser bastante caridoso para concordar que está vendo as quatro luas. Ele foi sujeito a muitas críticas na época, em uma espécie de período orientado por dados, que por acaso é também o nosso período, no que concerne a quase todos os campos, exceto às ciências naturais fundamentais. Estamos familiarizados com as mesmas críticas em lingüística. Lembro-me da primeira palestra que dei em Harvard (só para dar um exemplo pessoal). Morris [Halle] sempre se lembra disso. Estávamos em meados da década de 50, eu era um aluno de pós-graduação e estava falando sobre algo relacionado à gramática gerativa. O principal professor de Harvard, Joshua Whatmough, um tipo bastante pomposo, levan-

---

4. Steven Weinberg (1976), "The forces of nature", em: *Bulletin of the American Society of Arts and Sciences* 29. 4: 28-29.

tou e interrompeu após uns dez minutos: "Como você lidaria (...)" e então mencionou algum fato obscuro em latim. Eu disse que não sabia e tentei continuar, porém fomos desviados do objetivo e foi sobre isso que falamos pelo resto do tempo. Vocês sabem, isso é muito típico, e foi isso que a ciência teve de enfrentar em suas primeiras etapas, e ainda tem. Mas o estilo galileano, ao qual Steve Weinberg estava se referindo, é o reconhecimento de que os sistemas abstratos que você está construindo é que são realmente a verdade; a ordem dos fenômenos é certa distorção da verdade, devido a muitos fatores, todos os tipos de coisas. E assim, muitas vezes, é de bom senso desconsiderar os fenômenos e procurar os princípios que realmente parecem oferecer profundas intuições sobre a razão pela qual alguns desses fenômenos são desse ou daquele modo, reconhecendo que há outros aos quais você não pode prestar atenção. Os físicos, por exemplo, ainda hoje não podem explicar detalhadamente como a água jorra da torneira, a estrutura do hélio ou outras coisas que parecem complicadas demais. A física está em uma situação em que algo em torno de 90% da matéria no universo é o que é chamado de matéria escura – é chamado assim porque não sabem o que ela é, não podem encontrá-la, mas ela tem de estar ali, senão as leis físicas não funcionam. Assim, as pessoas prosseguem felizes na suposição de que, de algum modo, não compreendemos 90% da matéria do universo. Agora isso é considerado normal, mas na época de Galileu era considerado um ultraje. E o estilo galileano dizia respeito a essa importante mudança no modo de olhar o mundo: você está tentando entender como ele funciona, não apenas descrever uma grande quantidade de fenômenos; e isso é realmente uma mudança.

Quanto à mudança que introduziu a preocupação com a inteligibilidade e o aperfeiçoamento de teorias, é, em certo sentido, pós-newtoniana, visto que foi reconhecida pelos estudiosos de Newton. Este demonstrou essencialmente que o próprio mundo não é inteligível – pelo menos no sentido em que a ciência moderna dos primeiros tempos depositava suas esperanças – e que o melhor que se pode fazer é construir teorias que sejam inteligíveis, mas isso é completamente diferente. Assim, o mundo não fará sentido para intuições do senso comum. Não há nenhum sentido no fato de você poder mover seu braço e com isso alterar a posição da lua, digamos. Isso é ininteligível, mas verdadeiro. Portanto, reconhecendo que o próprio mundo é ininteligível, que nossas mentes e a natureza do mundo não são tão compatíveis, entramos em diferentes etapas na ciência. Etapas nas quais você tenta construir melhores teorias, teorias inteligíveis. Então, isso se torna outra parte do "estilo galileano". Essas importantes mudanças de perspectiva definem a revolução científica. Elas não foram efetivamente postas em prática na maior parte das áreas de investigação, mas já são uma espécie de segunda natureza na física e na química. Mesmo em matemática, a ciência mais pura que existe, o "estilo galileano" atuou de modo notável. Assim, por exemplo, Newton e Leibniz descobriram o cálculo, mas a coisa não funcionou com precisão, houve contradições. O filósofo Berkeley encontrou contradições: mostrou que, em uma linha de uma prova de Newton, zero era zero e, em outra linha da prova, zero era algo tão pequeno quanto você pode imaginar, porém não zero. Existe uma diferença, que caracteriza a falácia do equívoco: você está trocando o significado de seus termos e as provas não funcionam. E foram encontrados muitos erros. Na verdade, os matemáticos britânicos e os continentais tomaram caminhos diferentes (muitos, não 100%, mas grande parte deles). Os matemáticos britânicos tentaram superar os problemas e não conseguiram, então eram uma espécie de beco sem saída, embora Newton, de certa forma, os tivesse inventado. Os matemáticos continentais ignoraram os problemas, e foi daí que veio a análise clássica. Euler, Gauss e assim por diante. Eles disseram apenas: "Vamos viver com os problemas e cuidar da matemática, e algum dia isso será entendido" – o que é essencialmente a atitude de Galileu em relação ao fato de as coisas não se desprenderem da Terra. Durante a primeira metade do século XIX, Gauss, por exemplo, criava boa parte da matemática moderna, porém de modo intuitivo, sem teoria formalizada, na verdade com abordagens que tinham contradições internas. Chegou um momento em que foi preciso simplesmente responder às perguntas. Não era possível fazer mais progressos, a menos que isso fosse feito. Tomemos a noção de "limite". Temos uma noção intuitiva de limite: você chega cada vez mais perto de um ponto. Quando estuda cálculo na escola, você aprende sobre infinitesimais, coisas que são arbitrariamente pequenas, mas isso não significa nada. Nada é arbitrariamente pequeno. Chegou um momento na história da matemática em que simplesmente já não poderíamos trabalhar com essas noções intuitivas, contraditórias. Nesse momento isso foi resolvido. Assim, a noção moderna de limite foi desenvolvida como uma noção topológica. Isso soluciona tudo, e agora a compreendemos. Mas, por um longo período, na verdade justamente do começo ao fim do período clássico, os sistemas eram informais e até contraditórios. Até certo ponto, isso é verdade mesmo quanto à geometria. Supunha-se, de modo geral, que Euclides formalizou a geometria, porém ele não o fez, não no sentido moderno de formalização.

Havia realmente muitas brechas. E, efetivamente, a geometria não foi realmente formalizada até cem anos atrás, quando David Hilbert apresentou a primeira formalização, no sentido moderno, para a enorme quantidade de resultados que haviam sido produzidos na geometria semiformal. E o mesmo vale para a atualidade. A teoria dos conjuntos, por exemplo, não está realmente formalizada para o matemático atuante, que usa uma teoria dos conjuntos intuitiva. E o que é verdade para a matemática será verdade para tudo. Para os químicos teóricos, existe atualmente entendimento de que há uma interpretação quântica do que eles estão fazendo, mas, se você examinar os textos, mesmo os avançados, verá que eles usam modelos inconsistentes para diversos propósitos, porque o mundo é simplesmente muito complicado.

Bem, tudo isso é parte do que você poderia chamar de "estilo galileano": dedicação à busca do entendimento, não apenas registro. O registro dos fenômenos em si é insignificante, e de fato os tipos de dados que, digamos, os físicos usam são extremamente exóticos. Se você gravasse, em uma fita de vídeo, as coisas que acontecem do outro lado da sua janela, essa fita não terá nenhum interesse para os físicos. Eles estão interessados no que acontece sob as condições exóticas de experimentos produzidos muito artificialmente, talvez alguma coisa que nem mesmo aconteça na natureza, como a supercondutividade, que, aparentemente, não é nem mesmo um fenômeno na natureza. O reconhecimento de que esse é o caminho que a ciência deve seguir se quisermos buscar o entendimento – ou de que esse é o caminho que qualquer tipo de investigação racional deve seguir – é um passo bastante grande e que tem muitas partes; como a estratégia galileana de descartar fenômenos recalcitrantes quando isso implicar um aumento de compreensão, a maior preocupação pós-newtoniana com a inteligibilidade das teorias do que com o mundo, e assim por diante. Tudo isso é parte da metodologia da ciência. Não é algo que alguém ensine; não há nenhum curso de metodologia da física no MIT. Com efeito, o único campo que tem cursos de metodologia, que eu saiba, é a psicologia. Se você é graduado em psicologia, fez cursos de metodologia, mas, se é graduado em física ou química, não fez. A metodologia torna-se parte de nossos ossos ou algo assim. De fato, aprender as ciências é semelhante a aprender o ofício de sapateiro: você trabalha com um mestre artesão. Você pode entender a idéia ou não entender a idéia. Se você entende a idéia, chega lá. Se não entende a idéia, você não é um bom sapateiro. Mas ninguém ensina a você como fazer, ninguém saberia como ensiná-lo a fazer isso.

Pois bem, tudo isso se refere ao lado metodológico. Depois existe uma questão totalmente independente: qual é a natureza do objeto que estamos estudando? Então, a divisão celular é uma confusão terrível? Ou é um processo que segue leis de física muito simples e não requer, absolutamente, instruções genéticas, porque é justamente assim que a física funciona? As coisas fragmentam-se em esferas para satisfazer às exigências de energia mínima? Se isso fosse verdade, seria perfeito; esse é um processo biológico complicado, que acontece desse modo devido a leis físicas fundamentais. Então temos esse processo. Por outro lado, temos o desenvolvimento de um órgão qualquer. Um órgão famoso é a coluna vertebral, que é mal projetada, como todos sabem, partindo de sua experiência pessoal; é uma espécie de mau trabalho, talvez o melhor trabalho que poderia ser feito em circunstâncias complicadas, porém não um bom trabalho. De fato, agora que a tecnologia humana está desenvolvida, encontramos modos de fazer coisas, modos que a natureza não encontrou. Em compensação, somos incapazes de fazer certas coisas que a natureza efetivamente fez. Por exemplo, algo simples como o uso de metais. Usamos metais o tempo todo; a natureza não os usa para a estrutura dos organismos. E os metais são muito abundantes na superfície da Terra, entretanto os organismos não são construídos com metais. Os metais têm propriedades construtivas muito boas; esse é o motivo pelo qual as pessoas os utilizam. Todavia, por alguma razão, a evolução não foi capaz de transpor esse obstáculo. Há outros casos similares. Um caso que realmente não é compreendido, e está apenas começando a ser estudado, é o fato de os sistemas visuais ou fotossensíveis de todos os organismos conhecidos, desde as plantas até os mamíferos, terem acesso apenas a uma parte da energia solar; e de fato a parte mais rica – a luz infravermelha – não é usada pelos organismos. Esse é um fato curioso, porque a capacidade de usar essa energia seria altamente vantajosa em termos adaptativos. A tecnologia humana é capaz de fazê-lo (com detectores infravermelhos), mas, novamente, a evolução não encontrou esse caminho, e esta é uma pergunta interessante: por quê? Até o momento, há apenas especulações. Uma delas é que simplesmente não existe nenhuma molécula à nossa volta que pudesse converter essa parte do espectro da luz em energia química; portanto a evolução não poderia atingir a molécula por acidente, do modo como fez para o que chamamos de luz visível. Talvez essa seja a resposta. Contudo, se esse é o caso, o olho é bem projetado em certo sentido, e em outros sentidos é mal projetado. Há muitas outras coisas semelhantes a isso. Por exemplo, o fato de você não ter um olho na parte de trás da cabeça caracteriza um projeto deficiente: estaríamos muito melhor se tivéssemos um, pois assim, se um tigre de dentes de sabre resolvesse nos perseguir, seríamos capazes de vê-lo.

Há várias perguntas deste tipo: até que ponto o objeto é bem projetado? E, independentemente de quanto tenha sido bem ou mal projetado, para responder a essa pergunta você tem de acrescentar alguma coisa: projetado para quê? Até que ponto o objeto é bem projetado para X? E a melhor resposta possível é: sejam "X" as contingências elementares do mundo físico e seja o "melhor projeto" apenas uma conseqüência automática da lei física, dadas as contingências elementares do mundo físico (assim, por exemplo, você não pode ir mais rápido que a velocidade da luz, entre outras coisas semelhantes).

Uma pergunta totalmente diferente: dado certo organismo ou entidade, qualquer coisa que eu esteja tentando estudar – o sistema solar, uma abelha, seja o que for –, quão boa será a teoria que posso construir para ele? Você tenta então construir a melhor teoria que puder, usando o "estilo galileano-newtoniano", não se deixando distrair por fenômenos que pareçam interferir na força explanatória de uma teoria, reconhecendo que o mundo não está de acordo com a intuição do senso comum, e assim por diante.

Essas são tarefas completamente diferentes. A primeira está indagando quão bem projetado é o sistema; essa é a nova pergunta no Programa Minimalista. Naturalmente, "projeto" é uma metáfora, sabemos que ele não foi projetado, ninguém está confuso a respeito disso. O Programa Minimalista torna-se um programa sério quando você pode dar uma resposta significativa a esta pergunta: O que é o X quando você diz "bem projetado para X"? Se isso puder ser respondido, então teremos, pelo menos em princípio, uma pergunta que faz sentido. Se ela é prematura, ou se você pode estudá-la, isso é outra questão. Todas essas coisas começaram a surgir depois que o programa P & P cortou essencialmente o nó górdio, por meio da superação da tensão entre o problema descritivo e o problema aquisicional ou explanatório; tivemos efetivamente o primeiro arcabouço teórico genuíno na história do campo.

Até a década de 50, os problemas não se haviam delineado claramente, embora o campo já existisse há milhares de anos. Até a década de 50, não existia nenhuma expressão clara do problema – o fato de que, por um lado, tem-se o problema de descrever as línguas corretamente, e por outro, o de explicar como qualquer pessoa pode aprender qualquer uma delas. Até onde estou ciente, essas perguntas nunca tinham sido confrontadas antes da década de 50. Tornou-se possível fazê-lo depois, em decorrência de alguns desenvolvimentos nas ciências formais, os quais esclareceram a noção de processo gerativo e assim por diante. Uma vez formuladas as perguntas básicas, surgiu a tensão, na verdade o paradoxo. Nos seminários de Pisa, surgiram, pela primeira vez, os meios de superação do paradoxo, e conseqüentemente delineou-se uma idéia de como seria uma genuína teoria da linguagem. É preciso superar o paradoxo. Depois há uma estrutura, e a conseqüência disso é o aparecimento de novas perguntas, como a questão da otimidade substantiva, em vez de apenas metodológica.

2. Perfeição e imperfeições

AB & LR: O Programa Minimalista explora a tese de que a linguagem humana pode ser um "sistema perfeito", um sistema otimamente projetado para satisfazer certas condições impostas por outros sistemas cognitivos com os quais a faculdade de linguagem interage. Porém quais são as principais idéias sobre o que seria considerado "perfeição"? Alguns esclarecimentos são úteis neste ponto. Podemos imaginar facilmente critérios de perfeição ou de otimidade de acordo com os quais a linguagem humana estaria longe de ser otimamente projetada. Considere, por exemplo, a onipresença da ambigüidade na linguagem natural, propriedade que um "superengenheiro" presumivelmente evitaria, dadas certas metas (para usar uma metáfora a que você se refere freqüentemente em seus textos minimalistas). Poderíamos também argumentar que a linguagem, como habilidade computacional abstrata, não chega a ser otimamente adaptada ao sistema de desempenho humano (com limitações de memória e assim por diante), já que pode dar origem a todos os tipos de estruturas inúteis (*garden paths**, encaixamento central etc.), como você tem salientado muitas vezes. Esses critérios de projeto ótimo, *a priori*, são concebíveis e não desarrazoados, mas claramente não são o que se pretende aqui. Assim, que tipos de critério de perfeição tornam a tese minimalista sustentável?

NC: Vamos distinguir duas perguntas. Uma é: o que se quer dizer com otimidade? Poucas regras é melhor que muitas regras, menos memória usada na computação é melhor que mais memória usada etc. Há algumas idéias gerais, imprecisas, sobre o que é otimidade. A segunda pergunta é: que condições espera-se que o sistema satisfaça? Acho que o que vocês estão levantando está relacionado com essa pergunta, e vocês estão absolutamente certos: pode haver vários pontos de vista. Se você adotar um ponto de vista funcionalista padrão, perguntará: o

---

*"Sentenças-labirinto". (N. do R.)

sistema é projetado para seu uso? Assim, estará ele bem projetado para os usos aos quais as pessoas o submetem? E a resposta neste caso é "aparentemente não"; portanto o sistema não parece ser tão bem projetado para o uso, por razões do tipo das que vocês mencionaram (ambigüidades, *garden paths*, muitas expressões que são ininteligíveis, expressões que são perfeitamente inteligíveis, porém não bem formadas). Em certo sentido, o sistema não é bem projetado para o uso (ao menos não perfeitamente projetado), mas tem de ser bem projetado o suficiente para continuar a existir. Isso suscita a pergunta: podemos encontrar outras condições tais que a linguagem seja bem projetada, ótima para essas condições? Creio que podemos, mas partindo de uma perspectiva diferente. Assim, em vez de fazer a pergunta funcionalista padrão – ela é bem projetada para o uso? –, fazemos outra pergunta: ela é bem projetada para interagir com os sistemas que estão dentro da mente? Essa é uma pergunta bastante diferente, pois talvez a arquitetura inteira da mente não seja bem projetada para o uso. Vejamos se posso fazer uma analogia: tome algum outro órgão do corpo, digamos, o fígado. Você pode descobrir que o fígado é mal projetado para a vida na Itália, pois as pessoas bebem muito vinho e desenvolvem toda espécie de doença do fígado; portanto o fígado não foi bem projetado para essa função. Por outro lado, o fígado poderia ter sido maravilhosamente projetado para interagir com o sistema circulatório e os rins, e assim por diante, e essas são coisas realmente diferentes. Do ponto de vista da seleção, seleção natural, as coisas devem ser bem projetadas, pelo menos moderadamente ou suficientemente bem projetadas para o uso, de modo que os organismos possam se reproduzir, e assim por diante. Contudo, uma pergunta totalmente independente dessa é: desconsiderando o uso para o qual o objeto é destinado, ele é bem projetado a partir da perspectiva da estrutura interna? Esse é um tipo diferente de pergunta e efetivamente uma pergunta nova. A abordagem natural tem sido sempre: ele é bem projetado para o uso, entendido tipicamente como uso para a comunicação? Acho que essa é a pergunta errada. O uso da linguagem para se comunicar poderia vir a ser uma espécie de epifenômeno. Quero dizer, o sistema desenvolveu-se de algum modo, mas realmente não sabemos como. E, então, podemos perguntar: como as pessoas o usam? Poderíamos verificar que ele não é ótimo para alguns dos modos como queremos usá-lo. Se você quer se certificar de que nunca entenderemos mal uns aos outros, então para esse fim a linguagem não é bem projetada, porque você tem propriedades como a ambigüidade. Se queremos a propriedade de que as coisas que normalmente gostaríamos de dizer sejam ditas de forma curta e simples, bem, a linguagem provavelmente não tem essa propriedade. Muitas coisas que gostaríamos de dizer podem ser de difícil – talvez até impossível – expressão. Muitas vezes, você acha que não pode expressar simples intenções e sentimentos que gostaria de transmitir para alguém. Muitas interações pessoais desmoronam por causa de coisas como essas na vida comum. Portanto, em muitos aspectos funcionais, o sistema não é bem projetado. Há, contudo, uma pergunta totalmente independente: ele é bem projetado com respeito aos sistemas internos com os quais deve interagir? Essa é uma perspectiva diferente e uma nova pergunta; e é a pergunta a que o Programa Minimalista tenta responder.

A consideração que eu gostaria de fazer agora é que o sistema está essencialmente, inserido em sistemas externos preexistentes (externos com relação à faculdade de linguagem, internos com respeito à mente). Assim, existe um sistema sensório-motor que está ali, independentemente da linguagem; talvez sofra algumas modificações devido à presença da linguagem, mas, em essência, ele está ali independentemente da linguagem. Os ossos do ouvido médio não mudam por causa da linguagem. E há algum tipo de sistema de pensamento (concepção, intenção e assim por diante) que, de certo modo, está assentado ali. Isso inclui o que era tradicionalmente chamado de "noções comuns" ou "idéias inatas"; talvez também a análise nos termos do que é chamado de "psicologia popular", que consiste na interpretação das ações das pessoas em termos de crença e desejo, e no reconhecimento das coisas no mundo e de como elas mudam, e assim por diante. Bem, pode-se presumir que isso não depende inteiramente da linguagem; provavelmente primatas não humanos têm algo semelhante a isso e talvez até a capacidade de atribuir mentes a outros organismos, uma questão muito debatida hoje. A faculdade de linguagem tem de interagir com esses sistemas, de outro modo não tem nenhuma utilidade. Assim, podemos perguntar: ela é bem projetada para a interação com esses sistemas? Então você tem um conjunto diferente de condições. E de fato a única condição que surge nitidamente é que, visto que a linguagem é essencialmente um sistema de informação, as informações que ela armazena devem estar acessíveis a esses sistemas, essa é a única condição. Podemos perguntar se a linguagem é bem projetada para satisfazer a condição de acessibilidade para os sistemas nos quais está inserida. As informações que ela fornece são "legíveis" para esses sistemas? Isso é a mesma coisa que perguntar: o fígado é acessível a outros sistemas com os quais interage? Se o fígado produzisse alguma coisa que não a bílis, mas alguma outra coisa da qual o resto do corpo não pudesse fazer uso algum, não serviria para nada; e isso é uma questão diferente de perguntar se o fígado é bem configurado para a vida em uma cultura em que se bebe muito vinho. É uma questão muito diferente.

AB & LR: Uma definição empiricamente satisfatória de perfeição implica a identificação de possíveis imperfeições. Costuma-se referir à morfologia flexional como uma aparente imperfeição. Por exemplo, línguas formais inventadas têm uma sintaxe recursiva, capaz de computar expressões através de um domínio ilimitado, mas nada que se assemelhe à morfologia da linguagem natural. Qual é a intuição que nos guia neste caso?

A morfologia parece ser, ao mesmo tempo, uma imperfeição e uma propriedade que define as línguas naturais. Como esses dois aspectos podem ser reconciliados dentro de uma perspectiva minimalista?

NC: A morfologia é uma imperfeição bastante impressionante; pelo menos é superficialmente uma imperfeição. Se você tivesse de projetar um sistema, você não a poria nele. Ela não é única, entretanto; nenhuma língua formal, por exemplo, tem uma fonologia ou uma pragmática e coisas como deslocamento no sentido que todos nós entendemos: as expressões não aparecem onde você as interpreta, mas em algum outro lugar. Todas essas são imperfeições. Na verdade, até o fato de haver mais que uma língua é um tipo de imperfeição. Por que deveria ser assim? Tudo isso, pelo menos à primeira vista, é imperfeição. Você não colocaria essas coisas em um sistema se estivesse tentando fazer com que funcionasse de maneira simples. Uma boa intuição-guia sobre imperfeição é comparar línguas naturais com "línguas" inventadas, sistemas simbólicos inventados. Quando vê diferenças, você tem uma suspeita de que está olhando para algo que, à primeira vista, é imperfeição. Há diferenças em quase todos os pontos. As línguas formais, por exemplo, não têm sintaxe definida; têm apenas um conjunto de expressões bem formadas; a sintaxe pode ser o que você quiser. Portanto, não há resposta certa para a pergunta: quais são as *verdadeiras* regras de formação para as fórmulas de aritmética bem formadas? Quais são os axiomas da aritmética? A resposta é: qualquer conjunto de axiomas de que você goste, para gerar todos os teoremas. Os teoremas é que são reais, não os axiomas; estes são apenas um meio de descrevê-los, um dos muitos. Do mesmo modo, se você inventar uma linguagem de computador, não importará realmente que regras você escolherá para caracterizar as expressões; as expressões é que são a linguagem, não o sistema computacional específico que as caracteriza. Não é assim que a linguagem natural funciona. Na linguagem natural, existe alguma coisa no núcleo que *é* o sistema computacional. O sistema gerativo é algo real, tão real quanto o fígado; os enunciados gerados são como um epifenômeno. Esse é o ponto de vista oposto.

Além do mais, a semântica da linguagem natural e das línguas formais parecem ser totalmente diferentes, pelo menos em minha opinião. Diferentemente da observação sobre a sintaxe, que é um truísmo, essa tese é controvertida. Não são muitas pessoas que concordam comigo a esse respeito, mas em minha opinião elas são totalmente diferentes. Em um sistema formal fregiano ou em qualquer sistema dotado de um propósito especial, que alguém possa construir, a função dos símbolos é distinguir coisas, coisas reais. Esse é um ideal também para as ciências naturais. Quando você constrói uma teoria científica, quer que seus termos distingam coisas reais do mundo. Quero dizer, se postulamos o Princípio das Categorias Vazias (PCV), estamos pressupondo que haja algo no mundo que corresponda ao PCV, esse é o propósito do assunto. Os cientistas também podem falar sobre, digamos, longitude, mas sabem que ela não é uma coisa real, é somente uma notação para descrever coisas. Todavia, é uma meta para a ciência – e faz parte de qualquer sistema simbólico inventado – que os termos distingam alguma coisa: essa é sua semântica, a relação palavra-coisa, essencialmente. Agora, quero realmente saber: a linguagem natural funciona desse modo? Não creio. E, nesse caso, até a respeito disso, ela se desvia dos sistemas simbólicos inventados. De fato, parece que ela se desvia praticamente em todos os pontos essenciais, e é preciso perguntar por que a linguagem tem essas propriedades. Essa é uma pergunta legítima. Muitas perguntas, acredito, são muito difíceis – como a questão de se é verdade, como creio, que não existe relação palavra-coisa. A pergunta sobre o motivo pelo qual não há relação palavra-coisa é, no momento, muito difícil.

Outras questões, entretanto, podem não ser tão difíceis, como a da morfologia. Assim, vamos perguntar por que a linguagem tem morfologia. Por que a linguagem deve ter essa aparente imperfeição? A questão principal diz respeito a uma parte da morfologia. Por exemplo, pluralidade em substantivos não é de fato uma imperfeição. Você quer distinguir singular de plural, os sistemas externos querem se informar sobre isso. Portanto, na realidade, a pluralidade em substantivos é, antes, como a diversidade das palavras: exatamente como você tem "mesa" e "cadeira", você tem singular e plural, e há razões sensatas para que o plural deva ser uma flexão e "cadeira" não. Isto é, tudo tem de ser singular ou plural, entretanto nem tudo tem de ser uma cadeira ou não. Portanto existem razões plausíveis para que alguma parte da morfologia deva estar lá. Línguas formais não são assim, mas não estão exatamente interessadas em singularidade e pluralidade, essa diferença não importa para elas. A linguagem humana, porém, está interessada nessa diferença, e, portanto, ela a possui, como item lexical; e as línguas expressam-na como uma flexão por causa de sua generalidade no sistema – distinta de "mesa" *versus* "cadeira", que não é generalizável. Portanto essa parte não é uma imperfeição. Imperfeição é a pluralidade em verbos. Por que ela se encontra ali? Você já a encontra no substantivo, então por que ela ocorre no verbo, ou no adjetivo? Flexão de número parece redundante nesse caso, e isso é uma imperfeição. Em outras palavras, esse traço – ou essa ocorrência do traço, digamos, da pluralidade no verbo – não é interpretado. Você o interpreta somente no substantivo, e é por isso que, nas gramáticas tradicionais, sempre era dito que os verbos concordam com os substantivos e que os adjetivos concordam com os substantivos, não o contrário. Na verdade, até há bem pouco tempo, do ponto de vista da gramática gerativa ou da gramática estruturalista, a concordância parecia apenas uma relação. Alguém poderia ter objetado que não há nenhuma assimetria nisso, nenhum sentido em que os verbos concordem com os substantivos mais do que os substantivos concordam com os verbos. E, como sabemos, se você examina superficialmente as línguas, pode parecer que é a concordância do verbo que importa, como em italiano, uma língua de sujeito nulo. Parece que são os traços flexionais do verbo que estão transmitindo as informações, não os do substantivo. Há, de fato, estudos funcionalistas que chegam a essa conclusão.

Se você submeter essas perguntas à crítica minimalista, as coisas parecerão totalmente diferentes. Parecerá haver uma verdade real na idéia tradicional de que verbos concordam com substantivos e não o inverso. A coisa que está concordando, presumivelmente o verbo, o adjetivo, o artigo e assim por diante, todos eles parecem ter traços ininterpretáveis, traços que não são interpretados de modo independente pelos sistemas externos. Portanto, o que estão fazendo ali? Essa é a imperfeição. A imperfeição são os traços ininterpretáveis.

Traços de concordância são um caso interessante, porque às vezes são interpretáveis e às vezes não. Mas outro caso interessante é de fato o Caso. Os sistemas de Caso e os sistemas flexionais têm sido estudados por milhares de anos. Esta é a essência da gramática tradicional, sistemas flexionais incluindo sistemas de Caso, existe uma imensa literatura sobre isso. Nas décadas de 40 e 50 ela foi se tornando extremamente sofisticada dentro do arcabouço estruturalista. Assim, digamos, o "Kasuslehre"[5] de Roman Jakobson é uma interpretação sofisticada dos sistemas de Caso. Mas, tanto quanto posso determinar, nunca se fez nenhuma distinção entre o que agora chamamos Caso Estrutural e Caso Inerente; não conheço a literatura suficientemente bem para conferir, porém solicitei a outras pessoas, como Giuseppe Longobardi, e aparentemente não há um reconhecimento claro da distinção. No "Kasuslehre" de Jakobson, ele não faz uma distinção categórica; sua intenção é mostrar que cada traço tem todas as propriedades "certas" (como na abordagem estruturalista padrão), de modo que cada traço de Caso deve ter propriedades semânticas. Assim, o Ablativo tem uma propriedade semântica etc. Depois ele tenta mostrar que o Nominativo e o Acusativo também têm propriedades semânticas reais. Entretanto, bem, eles

---

5. Roman Jakobson (1936), "Beitrag zur allgemeinen Kasuslehre: Gesamtbedeutung der russischen Kasus, TCLP, VI", trad. ingl. em: Roman Jakobson, *Russian and Slavic Grammar* (Berlim: Mouton).

não têm. Há uma separação entre os Casos que têm propriedades semânticas – como, digamos, o Dativo principalmente – e os que não têm, como o Nominativo e o Acusativo (ou Ergativo e Absolutivo). Pelo que sei, essa separação não foi notada até surgir a abordagem P & P. Então, apareceu repentinamente, no início da década de 80, a idéia de que esse sistema essencial da linguagem natural, que havia sido estudado durante séculos, na verdade milênios, havia-se fragmentado em duas partes, uma das quais é uma imperfeição (pelo menos à primeira vista) e outra que não é. Desse modo, os Casos inerentes – aqueles que estão associados semanticamente – não são realmente uma imperfeição: eles marcam uma relação semântica que o intérprete tem de conhecer (como a pluralidade em substantivos). Por outro lado, por que temos o Nominativo e o Acusativo (ou o Ergativo e o Absolutivo)? O que eles estão fazendo? Eles não são interpretados: substantivos são interpretados exatamente do mesmo modo, quer estejam no Nominativo, quer no Acusativo, e isso é como os traços flexionais em adjetivos ou verbos: é como se eles não estivessem ali. Isso leva a perguntas interessantes. Se você estiver interessado em questões minimalistas, o que você vai perguntar é exatamente isto: por que eles estão ali? Acredito haver pelo menos uma sugestão plausível: estão ali talvez como método ótimo de implementação de alguma outra coisa que tem de estar ali, a saber, o deslocamento.

A semântica das expressões parece dividir-se em duas partes, pelo menos: o que era chamado, de uma só vez, de interpretação de Estrutura Profunda e Superficial. Parece haver apenas tipos diferentes de propriedades semânticas. Exatamente como elas se subdividem, isso não está inteiramente claro, mas você pode ver algumas diferenças. Existe o tipo relacionado com o que é freqüentemente chamado de Relações Temáticas (como Paciente, Experienciador etc.); e há o tipo que parece relacionado ao discurso, como informação nova/velha, especificidade, Tópico, coisas como essas. Parecem ser categorias diferentes de propriedades semânticas, e não está muito claro como fazer a separação. Tomemos o alcance do quantificador. Nos trabalhos de vinte e cinco anos atrás, ele era considerado o protótipo da propriedade superficial. Agora é considerado propriedade não-superficial por excelência, propriedade LF. Isso não é óbvio, partindo-se de fenômenos não analisados. Mas, conforme você aprende mais, vê efetivamente as coisas se separando em tipos diferentes, e então, dentro da arquitetura de uma teoria mais articulada, elas até parecem se apresentar em lugares diferentes, presumindo-se que a teoria esteja certa. Assim existem as propriedades LF-relacionadas e existem as propriedades mais relacionadas a superfície. Se você examinar as propriedades relacionadas a superfície, verá que são tipicamente fenômenos de extremidade, estão ligadas à extremidade da construção. Portanto, a especificidade, por exemplo, é tipicamente indicada na extremidade de uma expressão (tomemos a Transposição do Objeto, por exemplo, um tipo de movimento para a extremidade dos sintagmas verbais, que produz especificidade, informação antiga etc.). E há uma tradição – que é difícil tornar clara, mas que certamente tem algo a ver com isso – que sustenta que o sujeito superficial tende a ser mais ou menos específico; há exceções, contudo ele tende a ter interpretação específica. Isso talvez seja o mesmo caso. O Foco Real também é um fenômeno de extremidade, na Periferia Esquerda, e todas essas coisas parecem ter de fato algum caráter periférico. Por outro lado, a outra categoria de propriedades semânticas parece ser não-deslocada, não na extremidade. Em vez disso, ela envolve relações locais com outros elementos que atribuem a propriedade semântica. Um Sintagma Nominal está relacionado a um verbo, uma preposição ou algo semelhante. Isso produz as relações temáticas. Se esse for o modo como funciona o sistema de pensamento, havera dois tipos de informação que ele está procurando: uma relacionada à extremidade e outra localmente relacionada. Por conseguinte, linguagens bem projetadas terão uma propriedade de deslocamento. Uma expressão, de algum modo, terá de distinguir esses tipos de informação, e de fato um meio ótimo de fazer isso seria justamente recorrer ao deslocamento. As expressões são interpretadas foneticamente na extremidade, embora sejam semanticamente (tematicamente) interpretadas na posição local, a posição de concatenação. Essa é uma razão plausível – razão externa – quanto ao porquê de as línguas terem a propriedade de deslocamento.

Agora você tem de implementar a propriedade de algum modo. Como você a implementa? Para que isso funcione, várias coisas têm de ser indicadas. Agora estamos na parte interna do sistema computacional. É como se tivéssemos atribuído uma tarefa a um engenheiro: "implemente a propriedade do deslocamento", porque o sistema tem de efetuá-la. Então, como você faz? Você tem de encontrar o alvo de deslocamento, e parece que tudo é dirigido por núcleos, então vamos presumir isso. Se você achar um alvo de deslocamento, que será algum núcleo, você terá de identificá-lo por alguma propriedade, que também determinará que tipo de elemento ele atrai para si: um Sintagma Nominal, um sintagma interrogativo, alguma outra coisa? Além disso, esse núcleo tem de tornar disponível uma posição de deslocamento; alguns a disponibilizam, outros não. E você tem de encontrar a coisa que é deslocada. Portanto é preciso haver três coisas:

você precisa de três propriedades, em termos técnicos, três traços. O termo "traços" significa apenas propriedades que são introduzidas no sistema computacional. Assim, o engenheiro reconhece: "Sim, preciso de três traços": um traço que identificará o alvo e determinará que tipo de expressão pode se mover em direção a ele, outro que identificará a coisa a ser deslocada, e outro que decidirá se o alvo tem uma posição extra ou não. De fato, a coisa movida é identificada pelo Caso Estrutural, o alvo é identificado pelos traços redundantes – traços de Concordância, se estiver atraindo um Sintagma Nominal – e a posição extra é a característica PPE. O que sempre foi considerado estranho é o Princípio de Projeção Estendida (PPE) – "estendida" porque não existe papel semântico envolvido; o papel é "aqui está uma posição para a qual você pode se deslocar", em que um elemento pode ser interpretado como deslocado. Portanto parece que você precisa de três traços, e você tem três traços flexionais ininterpretáveis. Isso sugere, pelo menos, que os traços ininterpretáveis estão ali precisamente para implementar o deslocamento.

Há mais provas a favor disso. Uma das propriedades do sistema computacional é que, no mínimo, ele tem de satisfazer a condição de interface: as expressões têm de ser interpretáveis na interface. Você não pode ter, na interface, coisas que outros sistemas não sejam capazes de ler. Por exemplo, no nível sensório-motor, você não poderia ter uma palavra que não fosse soletrada foneticamente, porque então o sistema sensório-motor não saberia o que fazer – você não poderia ter uma palavra ortográfica, por exemplo. E o mesmo será verdade no lado do pensamento: você precisa eliminar os traços ininterpretáveis. Assim, de algum modo, o sistema computacional está eliminando todos esses traços ininterpretáveis; mas como ele os eliminará? A resposta natural é eliminá-los logo que tenham cumprido sua tarefa. Se sua tarefa for implementar o deslocamento, então, quando o tiverem implementado, serão eliminados. E parece que esse é o modo como as coisas funcionam. Portanto, uma vez que esses traços tenham cumprido sua tarefa, eles não podem fazê-lo outra vez: uma vez que o Caso estrutural tenha sido satisfeito, você não pode satisfazê-lo outra vez em outro lugar. Com a concordância é um pouco mais complicado, porque há razões internas para que o sistema pareça estar fazendo isso muitas vezes, mas, uma vez que você tenha cuidado de um traço de concordância, ele não pode concordar com algo mais "alto", por exemplo. Fica congelado onde está. Todas essas coisas funcionam juntas de tal modo, que emprestam alguma plausibilidade à idéia de que não são imperfeições, são parte do modo ótimo de satisfazer uma exigência externa, as condições de interface. Não acredito que esse seja um argumento definitivo. É um argumento de plausibilidade, porém tem alguma força, e, se isso estiver certo, a morfologia flexional acaba não sendo uma imperfeição. Partes dela, como a pluralidade em substantivos, são extremamente naturais, caracteriza o bom projeto. Outras partes – como, digamos, o Caso estrutural ou traços de concordância em outros elementos – parecem estar fazendo uma tarefa que o sistema computacional deve executar, e esse é, de fato, um bom modo de fazê-lo.

Agora, esse modo bom de fazer isso leva a esquisitices. Assim, por exemplo, às vezes a morfologia flexional ininterpretável funciona, mesmo não havendo deslocamento – com inacusativos, por exemplo. Suponhamos que encontremos uma estrutura com um alvo T que tenha tanto traços de Concordância (redundantes) quanto um traço do PPE, mas que o sintagma que concorda com T não possa ser movido para o alvo porque alguma outra coisa satisfez o traço do PPE – talvez um Expletivo, como em (1), ou um sintagma que esteja mais perto de T e portanto tenha prioridade no deslocamento, em virtude de condições de localidade, como em (2), onde *t* marca a posição a partir da qual o sintagma *to-me* [para mim] foi alçado à posição do sujeito, satisfazendo o PPE:

(1) There T-seem   (to me) to be many people in the room
   T-Parece (a mim) haver muitas pessoas na sala

(2) To-me T-seem   t to be many people in the room
   A mim T-parece t haver muitas pessoas na sala

Em inglês, a regra que forma (2) está bloqueada, porém não em outras línguas. Por exemplo, em islandês ou em construções em italiano como *A Gianni piacciono i dolci* [(A Gianni aprazem os doces) Gianni gosta de doces], na linha de sua análise de verbos com experienciador[6]. Em tais casos, temos "concordância à longa distância" entre T e o sintagma nominal que permanece em sua posição inicial, *many people* [muitas pessoas] nos exemplos (1) e (2) (ou *i dolci* [os doces] na construção com experienciador em italiano). De modo visível, *many people* e *i dolci* concordam com o alvo T (e, portanto, indiretamente com o verbo que faz adjunção com T). Contudo, de acordo com a explicação aqui esboçada, o Caso – Caso Nominativo – também é atribuído, como reflexo dessa concordância; em algumas línguas, como o islandês, a presença desse Caso também é visível. Em exemplos como esses,

---

6. Dianne Jonas (1996), "Clause Structure and Verb Syntax in Scandinavian and English", dissertação de PhD [doutorado], Universidade de Harvard; Adriana Belletti e Luigi Rizzi (1988), "Psych-verbs and theta theory", em: *Natural Language and Linguistic Theory* 6: 291-352.

temos todos os elementos que entram em deslocamento, mas o nominal concordante não é deslocado. Isso é um resultado da operação cega dos mecanismos "projetados" para implementar o deslocamento, aqui bloqueados devido à intervenção de outros fatores.

No caso (2), os mecanismos são postos em prática, porém não para os elementos que manifestam concordância; mas sim para o alvo T e *to-me*, este último com o caso dativo inerente, expressando relação semântica que é independente do sistema Caso-Concordância. Outras considerações, ainda mais internas à teoria, sugerem que também existe um tipo de "Concordância" entre T e o dativo alçado mais próximo, respondendo pelo deslocamento local para satisfazer o PPE, mas apenas concordância parcial, e portanto não se manifesta, de acordo com princípios gerais.

Esta é a direção da pesquisa: tentar mostrar que as aparentes imperfeições têm, de fato, alguma função computacional, alguma função computacional ótima. E há outros casos a serem considerados. Um caso de peso é o do sistema fonológico: o sistema fonológico inteiro assemelha-se a uma enorme imperfeição, tem todas as más propriedades que se pode imaginar. Considere a maneira como um item é representado no léxico, sem redundância, incluindo apenas o que não é previsível pela regra. Assim, o item lexical não incluirá a forma fonética em cada contexto, se isso for previsível pela regra; inclui apenas o que a fonologia deve saber para gerar o *output*, e esse é um tipo muito abstrato de representação, abstraído da forma fonética. É provável que nenhum dos elementos que aparecem na representação lexical seja interpretável na interface, isto é, todos eles são traços ininterpretáveis. A interface é uma espécie de representação fonética muito restrita, talvez nem isso, talvez uma representação silábica ou uma representação prosódica. A prosódia não está no item lexical, portanto é adicionada ao longo do caminho. O que está no item lexical não poderia ser lido na interface, tem de ser modificado no caminho. É provável que toda a fonologia seja uma imperfeição. Além disso, o sistema fonológico tem, de certo modo, más propriedades computacionais. Por exemplo, uma condição de otimidade computacional razoável é a Condição de Adicionalidade, que afirma que a computação não deveria adicionar nada novo; ela somente pegaria os traços que tem e os rearranjaria; esse é o melhor sistema, não acrescenta lixo ao longo do caminho. A fonologia o transgride agressivamente. Toda a fonética restrita é nova, a métrica é nova, tudo é realmente adicionado ao longo do caminho. Se você examina a fonética, ela parece transgredir todos os princípios computacionais razoáveis que se possa imaginar. Assim, isso dá origem à pergunta: a fonologia é apenas um tipo de sistema ruim? Ou é como o que a morfologia flexional poderia ser, isto é, a solução ótima para algum problema? Bem, há um problema que a fonologia tem de satisfazer e que um engenheiro que projetasse a linguagem teria de tratar. Estruturas sintáticas são geradas, e elas são geradas do jeito que são, para satisfazer as condições da LF, as condições do pensamento. Existe um sistema sensório-motor, e ele tem propriedades que lhe são peculiares. As estruturas sintáticas têm de interagir com esse sistema "externo". Por conseguinte, o engenheiro seria forçado a encontrar um meio de relacionar os referidos objetos sintáticos ao referido sistema sensório-motor. Seria agradável mostrar que a fonologia é um meio ótimo de fazer isso. Essa é uma questão significativa. Talvez difícil demais, porém certamente uma questão significativa. A melhor resposta que se pode esperar é que ela seja um modo ótimo de fazê-lo. Suponho que algum dia será possível transformar isso em uma questão realista, uma questão de pesquisa real. Uma questão como essa nem sequer é levantada até que você pense nela nesses termos. Mas, uma vez levantada, faz muito sentido, e de fato tudo em linguagem pode ser examinado desse modo. O fato de existirem parâmetros deveria provir de alguma coisa. Por que não há apenas um estado que o sistema poderia atingir? Por que esses parâmetros não são outros? Havera provavelmente alguma boa razão para isso, se pudermos imaginá-la.

AB & LR: Então a propriedade de deslocamento é uma propriedade inerente às línguas naturais, uma propriedade que qualquer teoria lingüística que vise a adequação empírica deve expressar de algum modo. Quanto ao motivo de isso ser assim, você oferece a especulação de que o deslocamento pode ser uma solução ótima para a necessidade de conectar dois tipos de propriedade semântica às expressões – tradicionalmente, propriedades semânticas profundas e superficiais.

Agora podemos prosseguir a especulação e perguntar por que o deslocamento é a solução escolhida pela sintaxe da linguagem natural. É claro que haveria outras possibilidades.

Considere, por exemplo, o modelo adotado normalmente em fonologia, segundo o qual a seqüência das unidades está em uma linha na interseção entre planos distintos, de tal modo que cada plano expressa certas propriedades, podendo-se atribuir, simultaneamente, a uma unidade propriedades expressas em planos distintos.

Em princípio, a integração das propriedades temáticas e informacionais poderia funcionar assim: com a mesma posição atribuída à propriedade, digamos, "paciente" em um plano e "tópico" em outro (com, digamos, propriedades semânticas profundas sinalizadas por um tipo de afixo, e propriedades semânticas superficiais também sinalizadas *in situ* por outro tipo de afixo). Todavia, no caso geral, a sintaxe da linguagem natural não parece funcionar desse modo.

Em vez disso, ela postula posições dedicadas unicamente à propriedade "paciente" (digamos, na teoria dos papéis temáticos de Hale-Keyser), e posições unicamente dedicadas à propriedade "tópico", com o mesmo elemento ocorrendo em posições diferentes na mesma representação e, portanto, adquirindo ambas as propriedades interpretativas[7].

Em outras palavras, parece que as línguas naturais preferem resolver o problema da conexão entre a semântica profunda e a superficial por meio da proliferação de ocorrências de elementos, e não pela proliferação de planos intersecionais, ou pela busca de outros meios de atribuir diferentes tipos de propriedades interpretativas à mesma posição.

Poderíamos especular sobre o motivo pelo qual a linguagem procura sistematicamente essa solução? Isso poderia nos dizer algo sobre as exigências impostas pelos sistemas de interface? As exigências de linearização do lado da FF poderiam ser importantes neste caso? Ou alguma outra restrição sobre o formato das informações legíveis do lado da LF?

NC: É uma pergunta muito interessante, que surge nos limites externos do entendimento atual, portanto qualquer coisa que seja sugerida tem de ser muito provisória.

---

7. Ken Hale e Samuel Jay Keyser (1993), "On argument structure and the lexical expression of syntactic relations", em: Ken Hale e Samuel Jay Keyser (orgs.), *The View from Building* 20 (Cambridge, MA: MIT Press); Luigi Rizzi (1997), "The fine structure of the left periphery", em: Liliane Haegeman (org.), *Elements of Grammar* (Dordrecht: Kluwer), pp. 281-337.

Suponha primeiramente que só houvesse semântica "profunda", de modo que o problema do descolamento não surgiria. Agora perguntamos: por que a linguagem identifica (aparentemente) os papéis semânticos pela configuração, e não por elementos flexionais específicos? Na verdade, ela parece fazer as duas coisas. Assim, o Caso Inerente (digamos, o Ablativo) identifica de fato um papel semântico pela flexão, enquanto o Caso Estrutural (Nominativo-Acusativo, ou Ergativo-Absolutivo) não contém nenhum papel semântico. Para elementos com Caso Estrutural, o papel semântico é determinado em termos configuracionais, tipicamente em virtude de sua relação com o elemento que os seleciona: sujeito e objeto de um verbo, por exemplo. A veracidade disso não é, de modo algum, óbvia. Até bem recentemente, nenhuma distinção como essa era reconhecida. Mas ela parece estar correta. Além do mais, relações configuracionais também parecem entrar na determinação da relação semântica de um elemento que tem Caso Inerente.

Nesse caso, a língua usa os dois dispositivos – flexão e configuração – para atribuir relações semânticas, independentemente da questão do deslocamento. Queremos portanto saber por que isso é assim. O lugar natural onde se pode buscar uma resposta é na interface entre a faculdade de linguagem e os sistemas de pensamento para os quais ela fornece informações. Esses sistemas externos, presumivelmente, distinguem entre relações semânticas de vários tipos e preferem sinalizá-las de modos diferentes. Podemos prosseguir, desenvolvendo mais idéias sobre quais poderiam ser essas propriedades do sistema de pensamento. Estamos agora em uma área notoriamente complicada. É muito difícil encontrar qualquer coisa sobre esses sistemas, além de sua interação com a faculdade de linguagem. Estamos refletindo sobre o raciocínio sem linguagem, em termos tradicionais, um conceito rejeitado com freqüência, embora me pareça razoavelmente claro que deva existir algo desse tipo.

Voltando à questão do deslocamento, a pergunta sobre configuração *versus* flexão surge mais uma vez. Por que a linguagem prefere sinalizar a "semântica superficial" em termos de configuração e não por um sistema flexional do tipo Caso Inerente? Novamente, o lugar onde podemos procurar a resposta é a interface. Desse modo poderíamos perguntar se – e, em caso afirmativo, por quê – os sistemas externos requerem que a semântica superficial coincida com a semântica profunda, que não é sinalizada flexionalmente pelo Caso Inerente? Aqui, contudo, também há outras possibilidades. Se a semântica superficial fosse sinalizada por meio da flexão, o sistema morfológico subjacente seria complicado. Para elementos com Caso Inerente, haveria a flexão dupla, se eles tivessem propriedades semânticas superficiais distintas; quanto aos elementos sem Caso Inerente, eles teriam flexão somente neste caso. Em compensação, se as propriedades superficiais são sinalizadas em termos de configuração, na extremidade, o sistema morfológico é todo uniforme: uma única flexão de Caso sempre (quer manifestada foneticamente, quer não). É possível que este seja um fator.

As exigências de linearização no que se refere ao som são relevantes? Talvez sejam. Para avançar mais neste assunto, deveríamos introduzir na discussão línguas que manifestem uma ordem mais livre de palavras e (tipicamente) maior riqueza de flexões. Línguas do tipo às vezes chamado "não-configuracional" (embora provavelmente o termo seja impreciso).

Isso não é uma resposta: é, antes, uma sugestão sobre onde poderíamos procurar respostas para perguntas que efetivamente vêm à tona – e de maneiras interessantes, particularmente no contexto da busca sistemática de questões minimalistas.

AB & LR: Se é verdade que um traço constitutivo característico das línguas naturais é privilegiar representações com muitas posições dedicadas, cada uma com propriedades interpretativas simples, torna-se importante desenhar um mapa tão preciso e refinado quanto possível desse sistema posicional complexo. Este é o raciocínio por trás dos assim chamados estudos cartográficos, intensamente realizados em alguns centros de pesquisa na Itália, entre outros lugares. Na sua opinião, que relação há entre esse empenho e os tópicos e objetivos perseguidos pelo Programa Minimalista?

NC: Esse trabalho tem levado a resultados fascinantes em muitas áreas. Em uma primeira abordagem, a oração parece ser da forma geral: […C…[…T…[…V…]]], na qual V é o núcleo verbal da configuração na qual os papéis semânticos profundos são atribuídos, T é o local da estrutura de tempo e evento, e C (complementizador) é um tipo de indicador de força que distingue declarativa, interrogativa etc. Mas as investigações cartográficas deixaram bem claro que isso é apenas uma primeira abordagem: as posições indicadas por reticências têm uma estrutura rica. A "periferia esquerda" inclui não apenas indicadores de força – em si mesmos diferenciados –, mas também, pelo menos, posições fixas para tópico e foco; e a hierarquia de Cinque produz uma ordem de estruturas, muito detalhada e aparentemente universal, na região T-V[8]. Outros trabalhos em curso têm fornecido

---

8. Guglielmo Cinque (1999), *Adverbs and Functional Heads – A Crosslinguistic Perspective* (Nova York e Oxford: Oxford University Press).

muitos *insights* sobre as posições em T e para a esquerda de T, as quais encerram clíticos e flexões de várias maneiras; e também sobre aparentes paralelos entre a configuração baseada em T e a baseada em V. Não há razões óbvias, pelo menos que eu veja, para que os fatos da linguagem se distribuam necessariamente dessa maneira. Portanto, uma vez mais, somos levados aos tipos de pergunta que vocês levantaram sobre soluções configuracionais *versus* soluções flexionais, neste caso em um terreno muito mais rico e mais diversificado.

Esse tipo de trabalho nos leva a investigar mais de perto a questão da natureza das relações de interface. O tradicional pressuposto das duas interfaces – som e sentido – é presumivelmente apenas uma abordagem. Para além disso, esse tipo de trabalho nos leva a investigar os próprios sistemas "externos" e as condições que eles impõem a uma faculdade de linguagem bem projetada. Como é comum, essas questões têm antecedentes tradicionais. Entretanto parece que agora podem ser tratadas sobre bases muito mais sólidas e de modo muito mais promissor, o que, em grande parte, deve-se a esforços como os projetos de cartografia.

AB & LR: Que tipo de descoberta empírica levaria à rejeição da tese minimalista forte?

NC: Todos os fenômenos da linguagem parecem refutá-la, exatamente como os fenômenos do mundo pareciam refutar a tese copernicana. A questão é se isso é uma refutação real. Em todas as fases de qualquer ciência, a maioria dos fenômenos parece refutá-la. As pessoas falam do conceito de falsificação, de Popper, como se ele fosse uma boa maneira de se livrar de uma teoria: o cientista tenta encontrar uma prova refutadora, e, se essa prova é encontrada, então desiste-se da teoria. Mas nada funciona assim. Se os pesquisadores observassem essas condições, não teríamos absolutamente nenhuma teoria, porque toda teoria, até a física básica, é refutada por toneladas de provas, aparentemente. Assim, neste caso, o que refutaria a tese minimalista forte é qualquer coisa que você veja. A pergunta, como em todos esses casos, é: existe alguma outra forma de ver os fenômenos aparentemente refutadores, de modo que preserve ou preferivelmente realce o poder explicativo, e de modo que uma parte dos fenômenos se encaixe no lugar certo e outra se torne irrelevante, como a maioria dos fenômenos do mundo, simplesmente porque eles são resultado das interações de fatores demais? Essa é uma razão pela qual as pessoas fazem experiências. Elas o fazem para se livrar de fenômenos que nada têm a ver com o assunto: o objetivo da experimentação é tentar descartar a maior parte dos fenômenos e descobrir apenas aqueles que têm importância. Um experimento é um ato altamente criativo; é como criar uma teoria. Podemos não falar sobre isso nos cursos de metodologia, mas os cientistas atuantes certamente sabem disso. Tentar planejar a experiência certa é muito difícil. A primeira experiência na qual você pensa é usualmente um lixo, assim você a joga fora e tenta conseguir uma melhor e assim por diante. Encontrar a experiência certa é muito parecido com encontrar a teoria certa e, de fato, está intimamente relacionado a isso: a experiência séria é guiada pela teoria, às vezes para responder perguntas que surgem na busca de explicação e entendimento, às vezes porque você pode ver que os fenômenos refutam aparentemente suas teorias e você quer determinar se isso é apenas um artefato. Fenômenos não analisados não são, em si mesmos, muito importantes. O que importa são os resultados de experiências adequadamente projetadas, e "adequadamente projetadas" significa estar dentro de uma teoria. Isto é verdade, quer a experiência seja sobre a relação entre movimento e manifestação de traços flexionais, quer sobre aquisição de linguagem ou qualquer outra coisa.

Tomemos um exemplo concreto da lingüística e da psicologia cognitiva, um que foi muito mal entendido, a experiência que Bever, Fodor e Garret fizeram sobre o deslocamento de clique[9]. A idéia era ver se seria possível encontrar perceptivamente as fronteiras da frase, prestando atenção no deslocamento de um estalido. Assim, você toca um pedaço de um teipe, põe um ruído em algum lugar e pergunta às pessoas onde elas o ouvem; e acontece que elas não o ouvem onde ele está, ouvem-no deslocado em algum lugar. Talvez o clique tenha sido deslocado para a extremidade da frase devido a alguma propriedade gestáltica que diz que você tenta manter a conclusão, você não quer ser interrompido em uma unidade coerente e portanto o desloca perceptivamente para a extremidade da unidade. Se isso funcionasse, seria um meio interessante de encontrar as fronteiras do sintagma. O interesse deles estava nos casos difíceis, como os contextos de atribuição excepcional de caso: você tem alçamento do objeto ou não? etc. Assim, se você tem *John expected Bill to leave* [John esperava que Bill partisse], onde é a fronteira do sintagma? Depois de Bill ou antes de Bill? Essa é uma pergunta real, e o modo como eles procederam foi totalmente racional: primeiramente vamos projetar uma experiência que funcione. Se conseguirmos uma experiência em que confiemos – porque está funcionando nos casos em que sabemos qual é a resposta –, então iremos aplicá-la a um caso em que não saibamos a res-

---

9. Ver a discussão em Jerry Fodor, Thomas Bever e Merril Garret (1974), *The Psychology of Language* (Nova York: McGraw-Hill).

posta. E foi o que eles fizeram. Realizaram muitas experiências, mas o que se publicou foi uma tentativa de mostrar que a experiência funciona, não de oferecer novos resultados. Em outras palavras, você não quer ter uma experiência que vá dar o resultado errado em casos claros – isto é, uma que, em *John saw Bill* [John viu Bill], fizesse a interrupção entre *saw* e *Bill*. Primeiramente, você tem de encontrar uma experiência que funcione. Suponha que tivesse sido verificado que o clique foi deslocado invariavelmente para o meio da frase; então esta teria sido uma boa experiência, mas teria sido interpretada de outro modo: a propriedade gestáltica é que você desloca o clique para o meio. Mostramos isso, porque é isso que acontece. Testar a experiência e decidir como ela deve ser interpretada, esta é uma grande parte do trabalho. Bem, quando conseguiram alguma coisa que parecia funcionar (deslocamento para a extremidade), então eles a testaram no caso difícil. Infelizmente, ela não deu resultados muito claros, portanto não foi muito explorada. Mas isso demonstra como são os experimentos. Agora, isso foi seriamente mal interpretado; por exemplo, por W. V. Quine, que esteve muito interessado em metodologia de lingüística por um longo tempo, desde a década de 40. Certa vez, ele argumentou que as fronteiras do sintagma são apenas um artefato, exatamente como seriam em uma língua formal, que era o modelo que ele parecia ter em mente, como é bastante comum[10]. Para línguas formais, não há gramática "certa", você escolhe a que quiser.

---

10. W. V. O. Quine (1972), "Methodological reflections on current linguistic theory"', em: Donald Davidson and Gilbert Harman (orgs.), *Semantics of Natural Language* (Nova York: Humanities Press); W. V. O. Quine (1986), "Reply to Gilbert H. Harman", em: Edward Hahn e Paul Arthur Schilpp (orgs.), *The Philosophy of W. V. Quine* (La Salle: Open Court).

Assim, por analogia, na linguagem o lingüista pode escolher qualquer gramática, dependendo de uma ou outra preocupação ou interesse. A única coisa real são os enunciados. Essa é uma falsa analogia; as línguas humanas são objetos biológicos. O que é real – o que está no cérebro – é um procedimento específico de caracterização de informações sobre o som, o sentido e a organização estrutural das expressões lingüísticas. A escolha de uma explicação teórica não é mais arbitrária que no caso do sistema visual ou do imunológico. Entretanto, explorando a analogia com os sistemas formais, lá pelos idos de 1970 Quine argumentou, em um artigo sobre a metodologia da lingüística, que é "loucura" supor que haja uma verdadeira resposta para a questão da localização da fronteira do sintagma em algo da forma ABC – poderia ser entre B e C ou entre A e B. É a mesma coisa que escolher um sistema de axioma para a aritmética, do modo como você quiser. Mais tarde, depois que as experiências com o clique foram publicadas, Quine mudou de idéia e disse: "Agora é real, porque as experiências com o clique mostram que realmente existe uma resposta." Esse é um erro grave de interpretação. O trabalho sobre clique a que ele se refere estava testando o experimento, não a estrutura sintagmática. Se as experiências com os cliques tivessem fornecido, em casos claros, a estrutura sintagmática errada, isso teria demonstrado que a experiência não foi bem projetada. Tomando isso por base, não diríamos: "Os limites da frase não estão onde os lingüistas imaginam, estão no meio de uma palavra." Suponhamos que o clique fosse sempre ouvido no meio da sentença, portanto usualmente no meio da palavra. Partindo do ponto de vista de Quine, diríamos: "Sim, é aqui que o limite da frase está." Porém, do ponto de vista de qualquer cientista, você, em vez disso, diria: "Bem, esta experiência é desastrosa." E, de fato, se os cliques fossem deslocados para o meio da frase, você apenas reinterpretaria a experiência. Tomando por base a estrutura das ciências empíricas, primeiro você tem de testar a experiência, e isso é difícil: a maioria das experiências é meramente irrelevante, e encontrar um procedimento experimental que realmente faça sentido é muito difícil. É uma tarefa interna à teoria, empreendida muitas vezes porque os fenômenos do mundo estão, aparentemente, refutando tudo e você quer descobrir se, e de que maneira, a aparência é enganosa.

Assim, voltando à sua pergunta depois de um longo desvio, se você quer saber o que parece refutar a tese minimalista forte, a resposta é simplesmente quase tudo em que você possa pensar ou pegar aleatoriamente de uma compilação de estudos. Isso não é particularmente interessante, pois é a situação normal nas ciências, mesmo nas mais avançadas. Novamente, esta é uma das razões pelas quais as pessoas fazem experiências, que são uma parte crucial do "estilo galileano": são as experiências que pesam, e as bem projetadas são as que se ajustam a uma teoria sensata, são aquelas que fornecem as informações que têm importância, não as que você simplesmente encontra por acidente. Até bem recentemente, não era assim que se praticava a lingüística. Quando eu era estudante, a idéia geral era conseguir um *corpus* e tentar organizá-lo, para fornecer uma descrição estrutural dele. O *corpus* podia ser modificado perifericamente por procedimentos metodológicos de campo – "técnicas de elicitação" projetadas, basicamente, para determinar o alcance das regularidades parciais em padrões observados. Mas não existem técnicas para tentar descobrir informações que poderiam ser pertinentes para responder a perguntas, teoricamente determinadas, sobre a natureza da linguagem. Esse é um ato criativo. Agora, o ponto de vista é que o *corpus* não importa, é como os fenômenos que você vê da sua janela. Se você puder encontrar alguma coisa no *corpus* que seja interessante, ótimo. Então você vai explorar isso de um modo que equivalha a fazer experiências. Porém, de fato, boa parte dos trabalhos mais interessantes tem sido sobre coisas que ninguém costuma falar, como lacunas parasíticas, por exemplo. Você pode escutar durante milhares de anos e nunca ouvir uma lacuna parasítica, mas é isso que parece importar. Às vezes há resultados realmente supreendentes, como o trabalho de Dianne Jonas sobre os dialetos de Faroese[11], onde ela encontrou diferenças dialetais que ninguém havia esperado e que apareceram principalmente em coisas que as pessoas quase nunca dizem, como Construções Expletivas Transitivas, e sobre as quais os falantes ficam bem inseguros, quando as usam. Entretanto, confirmou-se que havia diferenças sistemáticas em uma categoria de construções, em áreas sobre as quais as pessoas têm muito poucas informações. Além disso, não tinham conhecimento de tais diferenças dialéticas. É semelhante ao caso das lacunas parasíticas... O que é, eventualmente, normal em ciências experimentais: os fenômenos que acabam se mostrando interessantes não são os fenômenos normais do mundo, eles são normalmente muito exóticos.

3. Adequação explanatória e explanação em lingüística

AB & LR: Na caracterização dos objetivos da lingüística científica, uma distinção conceitual importante, intro-

---

11. Jonas (1996).

duzida no início da década de 60, foi a distinção entre dois níveis de adequação empírica: adequação descritiva, atingida quando um fragmento de gramática descreve corretamente um aspecto da competência do falante, e adequação explanatória, atingida quando uma análise adequada em termos de descrição é completada por uma hipótese plausível sobre sua aquisição. O Programa Minimalista caracteriza uma noção de explanação minimalista, segundo a qual – citando de "Minimalist Inquiries"[12] – "um sistema que satisfaz, de modo ótimo, um subconjunto muito restrito de condições empíricas (aquelas que ele tem de satisfazer para ser ao menos utilizável), vem a satisfazer todas as condições empíricas" (p. 9). Obviamente, explanação minimalista é um conceito diferente de adequação explanatória: a adequação explanatória, no sentido técnico acima mencionado, poderia ser satisfeita por um sistema não correspondente às aspirações minimalistas (por exemplo, a pressuposição de uma lista inata de restrições de ilha, bem como um princípio de localidade simples e unificador, poderia atingir adequação explanatória em certos domínios, mas somente este último satisfaria os padrões minimalistas). Como você vê as relações entre o conceito de adequação explanatória e o de explanação minimalista?

NC: O modelo de "lista de ilhas", naturalmente, foi desenvolvido em alguns dos trabalhos mais importantes da década de 60. Quando a tensão entre adequação descritiva e explanatória surgiu, houve várias abordagens: uma delas, que está em "Current Issues in Linguistic

---

12. Noam Chomsky (2000a), "Minimalist inquiries: the framework", em: R. Martin, D. Michaels e J. Uriagereka (orgs.), *Step by Step – Essays in Minimalist Syntax in Honor of Howard Lasnik* (Cambridge, MA: MIT Press).

Theory"[13], foi tentar encontrar princípios como A sobre A, realmente a ilha *qu-* também estava ali, entre outras coisas. A outra abordagem foi dar uma taxonomia de propriedades (isso é basicamente a dissertação de Ross[14]), uma taxonomia de ilhas, e um texto interessante de Emmon Bach, no qual ele argumentava que deveria haver princípios específicos para orações relativas restritivas, talvez em toda a linguagem, e outros conjuntos de princípios para outras construções. Essas são apenas duas idéias diferentes sobre o modo como as coisas vão se desenvolver; e, de fato, a taxonomia de ilhas de Ross é extremamente valiosa, uma contribuição essencial à qual todos recorrem, porém que segue uma idéia diferente, que é a que vocês estão descrevendo. O que vocês sugerem parece-me totalmente certo. Se a verdade sobre a linguagem vier a se revelar como algo semelhante a um sistema de condições aplicadas a regras e construções, com um princípio localista unificador, então somente esse princípio satisfará os padrões minimalistas e o programa será uma falsa esperança: nossas aspirações explanatórias simplesmente não podem ser tão elevadas – a menos que se possam encontrar algumas razões independentes para outras propriedades postuladas, o que não parece muito provável –, e aspectos essenciais da linguagem ficariam sem explicação. Parece também haver pouca perspectiva de aperfeiçoamento. Naturalmente, ainda continuaríamos ligados ao imperativo metodológi-

---

13. Noam Chomsky (1964), "Current issues in linguistic theory", em: Jerry A. Fodor e Jerrold J. Katz (orgs.), *The Structure of Language* (Englewood Cliffs, NJ: Prentice-Hall), pp. 50-118.

14. John Robert Ross (1967), "Constraints on variables in syntax", dissertação de PhD [doutorado], MIT; Emmon Bach (1971), "Questions", em: *Linguistic Inquiry*, 2:153-167.

co de buscar a melhor teoria desse órgão biológico, ainda que "imperfeita". Minha opinião é a de que podemos esperar algo bem melhor que isso, mas é apenas uma opinião pessoal.

Assim presumindo, poderíamos considerar uma variedade de teses minimalistas de diversas intensidades. Uma, que surgiu em seminários em Siena, é que toda linguagem possível satisfaz padrões minimalistas. Agora, isso significa que não apenas a faculdade de linguagem, mas cada estado que ela pode atingir produz um número infinito de expressões interpretáveis. Isso equivale essencialmente a dizer que não há becos sem saída na aquisição de língua. Você não pode estabelecer parâmetros de tal modo que obtenha um sistema que não trará a satisfação infinita das condições de interface. Isso está longe de ser óbvio: é uma condição forte imposta ao sistema. Vamos supor que essa condição seja satisfeita: condições minimalistas aplicam-se a todos os estados da faculdade de linguagem, inclusive o estado inicial. A questão, aqui, não é adequação explanatória *versus* adequação descritiva. O modo padrão de expressar essa distinção é considerar que uma teoria descritivamente adequada é uma teoria verdadeira de um estado atingido, enquanto uma teoria adequada em termos explanatórios é uma teoria verdadeira do estado inicial. Assim, segundo essa visão, existe uma nítida distinção entre o estado inicial – o tópico da Gramática Universal – e os estados atingidos – as línguas reais. Mas creio que, pelo menos dentro da abordagem P & P, é mais racional esquecer essa distinção: considera-se apenas que a faculdade de linguagem tem estados; um estado é o inicial; os outros são os estados estáveis que as pessoas atingem de algum modo, e depois há todos os tipos de estados entre eles, que também são estados reais, porém são outras línguas. Se a forte Condição de

"Nenhum Beco Sem Saída" for satisfeita, então a tese minimalista dirá que todos os estados têm de satisfazer a condição de legibilidade infinita na interface – e fazê-lo de maneira ótima, até o ponto em que a tese minimalista forte é válida. Isso é irrelevante para a dimensão da adequação explanatória e descritiva, porque se aplica tanto ao estado inicial quanto aos estados atingidos. Assim, tanto é explanatória como descritiva, mas a distinção é geralmente posta de lado. Um detalhe interessante a respeito da abordagem P&P, que pelo menos eu não percebi naquela época, é que ela elimina essencialmente a distinção: elimina a distinção escrupulosa entre o estado inicial e os estados atingidos. No início, parecia ser uma distinção escrupulosa; e de fato o é, no sentido de que o estado inicial é uma expressão dos genes e os outros não o são inteiramente. Contudo, do ponto de vista da adequação das teorias, a distinção não tem importância: você quer uma teoria adequada para todos os estados, todos eles têm de ser descritivamente adequados, o que significa teorias verdadeiras de qualquer estado que você esteja descrevendo (se for o estado inicial, isso será o que era chamado adequação explanatória). Se a tese minimalista for válida, será válida para todos os estados, pelo menos no âmbito da pressuposição de "Nenhum Beco Sem Saída". Essas questões estão realmente em processo de formulação, juntamente com esforços – relativamente bem-sucedidos, acredito – de demonstração de que as condições minimalistas fortes podem ser abordadas em alguns domínios, às vezes preenchidas.

AB & LR: Mantendo por um momento essa distinção clássica, foi dito muitas vezes que há tensões entre as metas da adequação descritiva e da explanatória, visto que a primeira favorece tipicamente o enriquecimento das ferramentas descritivas, enquanto a segunda favorece a redução e o empobrecimento do aparato descritivo. Parece-nos que, em parte, tensões análogas poderiam surgir entre a exigência de adequação explanatória (no sentido clássico de adequação para tratar do problema lógico da aquisição de língua) e de explanação minimalista. É concebível que um sistema menos estruturado, e portanto mais mínimo, permitisse mais alternativas de análise dos dados primários, portanto tornando a tarefa mais árdua para quem aprende a língua. Para dar um exemplo concreto, considere uma teoria de estrutura sintagmática que permita um único especificador para cada núcleo e uma outra que admita múltiplos especificadores. Poderíamos argumentar, embora o ponto não seja inteiramente óbvio, que a segunda é mais mínima, por lhe faltar uma especificação que a primeira tem. Mas considere o problema do ponto de vista da aquisição: quem está aprendendo a língua ouve uma expressão com n sintagmas e deve integrá-los em uma representação estrutural. Na primeira teoria, ele(a) não tem escolha: deve supor n núcleos que licenciam os sintagmas como especificadores; na segunda teoria, ele(a) tem, em princípio, muitas opções, que variam de um único núcleo com n especificadores a n núcleos, cada um com um único especificador. Obviamente, isso está relacionado de modo crucial à questão sobre o que pode constituir um possível núcleo; e na prática existem muitas outras complicações, mas o exemplo visa simplesmente sugerir que aqui podem surgir algumas tensões. Você acha que esta tensão realmente surge?

NC: Poderia surgir. Questões minimalistas são substantivas: elas perguntam se teorias verdadeiras de estados da faculdade de linguagem satisfazem a condição de interface de modo ótimo. Se uma proposta oferece, como opções, línguas que não podem existir, ela é simplesmente a teoria errada. A mesma conclusão é válida se a proposta não oferece uma solução para o problema lógico da aquisição de língua. Então, a primeira condição que deve ser preenchida é a veracidade para cada estado da faculdade de linguagem. No estado inicial, essa veracidade foi chamada adequação explanatória e, em um estado posterior, adequação descritiva. Hoje em dia, acho que essa terminologia é basicamente inútil; como eu disse, apenas a veracidade importa. Obviamente, o que acontece não é que recebemos a verdade e depois fazemos perguntas minimalistas; a vida não é tão simples assim. Você faz perguntas minimalistas para reconstruir sua concepção do que provavelmente é verdade e assim sucessivamente. Falando em termos lógicos, a condição de fundo deve ser que você tenha obtido a teoria verdadeira. Tomemos, por exemplo, o caso que vocês mencionam. Há artigos sobre isso na literatura corrente. Na *Linguistic Inquiry*, há um artigo recente, no qual o autor diz que seu jeito de fazer as coisas não requer a pressuposição especial de que há múltiplos especificadores. Mas isso inverte a questão: a suposição de que há um único especificador é uma suposição especial; dizer que há qualquer número de especificadores não é uma suposição, é apenas dizer que você pode continuar a realizar a operação Fusão indefinidamente: isso estabelece meramente que a língua é um sistema recursivo. Dizer que deve existir um único especificador e nada mais é estipular que, quando você funde duas vezes, você consegue começar uma nova categoria: essa é uma suposição especial enriquecedora. Portanto, livrar-se da pressuposição extra de múltiplos especificadores não é uma questão cabível. Pelo contrário, você precisaria de evidência para a pressuposição especial de que você somente pode ter duas coisas ligadas a um núcleo. Propriedades selecionais das raízes podem impor –

e certamente o fazem – condições à concatenação múltipla a um único núcleo. Todavia seria necessário um forte argumento para demonstrar que a mesma condição deve ser reafirmada, de modo independente, no interior da teoria da estrutura sintagmática, complicando essa teoria, de modo intensamente redundante.

Em uma teoria da estrutura sintagmática pura, a distinção entre complemento e especificador desaparece, não há diferença: é apenas primeira operação Concatenar, segunda operação Concatenar, terceira e assim por diante. Portanto, desse ponto de vista, muitas análises que apresentei simplesmente não fazem nenhum sentido. Tomemos os adjetivos, por exemplo. Eu costumava me preocupar em saber se o elemento selecionado por um adjetivo é um complemento de seu núcleo ou um especificador de seu núcleo, o que é bastante diferente. Mas em um sistema puro você não pode fazer essa pergunta. O elemento está preso ao núcleo. Chamamo-lo de complemento se é primeira concatenação, mas não significa coisa alguma, não há mais perguntas a serem feitas. E as notações que usamos são bastante enganosas. Nós o colocamos antes de um núcleo se achamos que ele é um especificador, depois do núcleo se achamos que é um complemento: essas são distinções sem significado em um sistema puro. Portanto a noção de complemento e especificador desaparece por completo, exceto como uma conveniência terminológica: você tem as coisas que concatena em primeiro lugar, as coisas que concatena em segundo e assim por diante.

Vamos presumir agora que temos o sistema mais simples possível, o que significa que não há condições extraordinárias a respeito de quantas vezes você tem permissão para concatenar; você pode fazê-lo uma vez, duas vezes (caso em que você fala de especificador), três vezes (caso em que você fala de especificadores múltiplos), e assim sucessivamente. Você simplesmente concatena tantas vezes quantas quiser, obviamente o sistema mais simples. E, naturalmente, queremos saber: é verdade? A linguagem é perfeita a esse respeito? Ou tem a exigência extra de que você apenas pode concatenar n vezes, para um núcleo fixo, talvez dois? Agora voltemos à criança que está adquirindo a língua. Se essa criança está adquirindo a língua com o princípio da Gramática Universal que diz que você pode concatenar tantas vezes quantas quiser, a criança ouve duas concatenações e muito bem, está certo; depois ouve a terceira coisa acontecer, e, você está certo, ela tem duas possibilidades. Uma é dizer: "Muito bem, esta é a terceira concatenação", a outra é postular um novo núcleo. Mas essa é uma escolha difícil: para postular um novo núcleo, você tem de ter evidência, tem de saber que núcleo é, para encontrá-lo em algum lugar, e, se for um núcleo zero (como poderia ser neste caso), isso é muito difícil. Se for um núcleo que não tenha nenhuma semântica, você encontrará dificuldade, porque esse núcleo terá de desaparecer no decorrer da computação, o que deixará você com uma categoria sem núcleo, e você terá de dar alguma explicação sobre isso. Se houver algum conjunto universal de opções – digamos, a hierarquia de Cinque –, você poderá escolher alguma dentre elas. Mas, nesse caso, deverá haver uma conseqüência semântica e você precisará fornecer evidência dela. Portanto não creio que essa seja uma questão de escolha mais difícil ou mais fácil, trata-se apenas de escolhas diferentes. Se a Gramática Universal tem a hierarquia de Cinque e nenhuma limitação com respeito a concatenação, então, quando você chegar a esse terceiro elemento, a criança terá de perguntar se ele tem a semântica de alguma coisa que esteja na hierarquia. Se tem, então é a esse lugar que ele pertence; se não tem, apenas se concatena com o que vem abaixo, e essa é a resposta.

Agora vamos considerar a outra abordagem. Suponhamos que a teoria da estrutura sintagmática seja complicada para impor a exigência (amplamente redundante) de operação Concatenar simples ou dupla, não tripla. Nesse caso, a criança é forçada a encontrar outro núcleo e, se não houver nada por perto que faça algum sentido, terá simplesmente de inventá-lo, e essa é uma tarefa mais difícil. Portanto não pense que o conflito é sanado desse modo. Parece-me que existem diferentes suposições factuais sobre a natureza da linguagem. Existem núcleos disponíveis que tenham o tipo de semântica que compelirá a criança a concatená-los, quer seja a terceira, quer a quarta concatenação?

Efetivamente, a mesma pergunta surge quanto à segunda concatenação. Suponha que a criança presuma uma primeira concatenação referente a um núcleo, e depois uma segunda expressão apareça. Vamos pressupor uma Gramática Universal que não tenha limitação com respeito a especificadores e à hierarquia de Cinque. Após a primeira concatenação, quando a segunda expressão aparece, a criança defronta-se com a mesma pergunta: esta tem a semântica de uma das posições da hierarquia, por ter algum tipo de interpretação aspectual, ou algo semelhante? Bem, se for assim, então a criança deverá postular um novo núcleo; se não for, então o elemento será um especificador do primeiro núcleo e a mesma pergunta surgirá com respeito à terceira concatenação, à quarta e assim sucessivamente. A situação que vocês estão mencionando poderia surgir e então seria uma questão de veracidade; assim, a verdade pode ser que você tem uma estrutura sintagmática mais complicada, com fatores que condicionam o número de especificadores além e acima daqueles derivados de exigências selecionais. Por exemplo, tome o ACL (Axioma de Correspondência Linear)[15]. Se essa teoria for verdadeira, então a estrutura sintagmática será precisamente mais complicada. Suponha que você descubra que a regência é realmente uma propriedade operante. Então, a teoria é ainda mais complicada. Se o PCV realmente funcionar, bem, isso será muito ruim; a linguagem é mais semelhante à espinha dorsal que a um floco de neve[16]. Você não pode mudar a realidade, pode apenas perguntar: por acaso a realidade satisfaz essas condições surpreendentes?

4. Questões minimalistas e outros domínios científicos

AB & LR: Admitindo o arcabouço comum do minimalismo metodológico como um componente da investigação científica, perguntas minimalistas substantivas chegam a ser levantadas em outros campos da ciência?

NC: Não com freqüência, suponho, mas são feitas em alguns deles. Assim, por exemplo, existe uma brincadeira comum, na física e na matemática, de que os únicos números são 1, 2, 3 e infinito; os outros são muito complicados, portanto, se algo aparecer – como, digamos, 7, ou algo semelhante –, estará errado. E, de fato, isso acontece nos trabalhos científicos. Aconteceu no desenvolvimento da teoria dos *quarks*, aparentemente: se bem me lembro, quando Murray Gell-Mann e seus colaboradores esta-

---

15. Richard Kayne (1994), *The Antisymmetry of Syntax* (Cambridge, MA: MIT Press). Ver também a discussão em Chomsky (1995a).

16. Sobre regência e PCV, ver Chomsky (1981) e muitas obras subseqüentes.

vam inventando a teoria, verificou-se que eles tinham evidência para 7 *quarks*, mas ninguém ficou contente com isso, porque 7 é um número muito feio. Assim, o pressuposto foi o de que o quadro devia ser reconstruído em termos de 2 e 3, que são números bonitos. E, depois de mais trabalhos experimentais estimulados por aquela intuição, o quadro mais bonito tornou-se verdade. Creio que esse tipo de raciocínio continua efetivamente a existir. Em certo sentido, a descoberta de Plutão foi algo desse tipo. Havia perturbações, assim poderia ser que o mundo fosse feio e você tivesse que inventar alguma história. Mas todos ficaram muito felizes quando encontraram uma entidade postulada lá fora, que pode ou não ser um planeta, isso é discutido; porém, seja o que for, ele está ali e responde pelas perturbações sem teorias físicas complicadas. Você quer que os sistemas pareçam bonitos. Tome a Tabela Periódica, por exemplo. Os fatos conhecidos não se ajustavam inteiramente, mas ela era tão simpática que tinha de estar certa; assim, não tinha importância que os fatos não se encaixassem. Existem exemplos famosos na história da ciência que são semelhantes. A química, que é um modelo bastante esclarecedor para a lingüística, fornece muitos exemplos. Muitos químicos ficaram descontentes com a proliferação de elementos e átomos químicos na teoria de Lavoisier e na de Dalton. Humphry Davy, por exemplo, recusou-se a crer que Deus tivesse projetado um mundo tão feio. Ao mesmo tempo, no início do século XIX, William Prout observou que os pesos atômicos estavam muito próximos dos múltiplos integrais do peso atômico do hidrogênio, e adulterou os dados para produzir exatamente números inteiros. A "hipótese de Prout", como foi chamada, estimulou a pesquisa experimental pesada na busca do desvio exato do peso atômico dos elementos mais pesados, partindo de um múltiplo integral do hidrogênio e na tentativa de encontrar alguma explicação. A hipótese de Prout está certa ou errada? Todos os elementos são construídos a partir do hidrogênio, como ele especulou? Finalmente os isótopos foram descobertos na década de 20 e, então, tudo se tornou claro: ficou claro que a hipótese de Prout estava fundamentalmente correta. Sem uma compreensão dos isótopos e da teoria atômica de modo geral, os dados são uma confusão total. Mas, se você tornar a analisar os dados à luz de um novo entendimento teórico, descobrirá exatamente em que sentido a hipótese de Prout estava correta, porque você compreende que um próton, muitos prótons, seus múltiplos integrais e elétrons não acrescentam muita coisa, e os efeitos isotópicos modificam os números sistematicamente. A investigação científica foi norteada pela esperança de que, de algum modo, essa bela lei se mostraria certa e haveria uma razão para isso; finalmente a razão foi encontrada, e, incidentalmente, uma boa parte do trabalho experimental de um século foi jogada pela janela; ninguém mais se importou com o que eram os desvios médios, porque você tinha uma explicação fundamental para eles.

Suponho que o ideal galileano de perfeição da natureza seja, em certo nível, uma força motriz em todas as investigações, mais do que tem sido em lingüística. Uma boa razão é que é tão difícil chegar a alguma coisa por meio da adequação descritiva, que você acaba se vendo impedido de fazer mais perguntas, de forma realista.

Examine, por exemplo, o recente e abrangente estudo de Marc Hauser, *Evolution of Communication*[17]. Esse é

---

17. Marc D. Hauser (1996), *The Evolution of Communication* (Cambridge, MA: MIT Press).

realmente um estudo comparativo da comunicação, um estudo que compara sistemas de comunicação. O autor expõe muitos sistemas e os descreve minuciosamente. Tomemos a dança da abelha. Há descrições extremamente detalhadas dela, mas isso é basicamente semelhante à lingüística descritiva. Perguntas que vão além disso são aparentemente muito difíceis: por exemplo, qual é a "gramática gerativa" da dança da abelha, o estado interno que permite essa gama de danças e não alguma outra? Ou perguntas sobre mecanismos neurais, seu papel na ação e percepção, sua evolução. O problema de dar uma descrição já é suficientemente difícil; e depois encontrar algum entendimento da função da dança. Ir além disso, conseguir fazer perguntas realmente minimalistas é difícil, mas houve pessoas que tentaram fazer isso também em biologia. Um exemplo famoso é D'Arcy Thompson.

AB & LR: Isso nos leva à pergunta seguinte. Vamos supor que alguma forma da tese minimalista esteja correta, e a linguagem humana seja uma espécie de sistema otimamente projetado. Você tem salientado muitas vezes que essa seria uma conclusão muito surpreendente no contexto dos sistemas biológicos, que são caracterizados pela "bricolagem" ou improvisação da evolução, nos termos de François Jacob[18]. Portanto seria útil tentar expressar corretamente as conseqüências desta descoberta para a biologia. Uma possível linha de abordagem poderia ser a idéia de que a linguagem é efetivamente, antes de mais nada, única entre os sistemas biológicos, o que possivelmente está relacionado a seu caráter combinatório; mas também poderia ser que a linguagem revelasse pronta-

---

18. François Jacob (1981), *Le jeu des possibles* (Paris: Fayard).

mente alguma coisa que é mais comum, nos sistemas biológicos, do que se costuma presumir, porém apenas difícil de detectar. Será que o papel da improvisação pode ter sido exagerado? e que, em níveis diferentes da escala evolucionária, "sistemas perfeitos" possam ter vindo a existir, mas sejam muito difíceis de serem separados de seu contexto biológico?

NC: Isso é, creio eu, bastante possível. Não é popular atualmente, mas o fato é que, se você olhar ligeiramente qualquer coisa que você não entenda, ela vai parecer uma improvisação. Isso também é verdade com relação ao modo como as pessoas olhavam para as línguas. Se você retroceder à década de 50, uma pressuposição padrão – estou parafraseando Martin Joos, um dos maiores teóricos – era que as línguas podem diferir umas das outras ilimitadamente e de modo arbitrário. Basicamente, não há muito o que dizer sobre a linguagem: quase qualquer coisa serve[19]. Isto é certamente o que ela parece. Se você considerar a gama de línguas no mundo, verá que é simplesmente como se você pudesse achar quase qualquer coisa. Esse era um ponto de vista padrão na lingüística estruturalista, que partia desse pressuposto apenas de maneira limitada: existe alguma estrutura fixa do sistema fonêmico e talvez um pouco mais, talvez alguma da morfologia, algumas condições soltas em frases... mas essencialmente qualquer coisa serve. Sapir disse coisas semelhantes, e de fato isso é bastante comum[20]. E é verdade: se você examinar alguma coisa que você não entende, é exatamente assim que ela vai parecer. Com respeito à

---

19. Comentários sobre a edição, em: Martin Joos (org.) (1957), *Readings in Linguistics* (Washington: American Council of Learned Societies).
20. Edward Sapir (1921), *Language* (Nova York: Harcourt Brace).

evolução, todos acreditam que Darwin está basicamente certo, não há nenhuma dúvida sobre isso. Entretanto, para além disso, o que é compreendido não é muito. Quanto à evolução das espécies, há poucos casos em que se pode demonstrar, pelos padrões das ciências, que a seleção natural aconteceu, embora todo o mundo presuma que seja verdade. Não é fácil medir vantagens seletivas de características. Quando você observa o que é chamado de "explanações de seleção natural", o que você encontra com freqüência é algo diferente. O livro de Hauser é uma boa fonte para isso. Ele tenta mostrar em detalhes aquilo em que todo o mundo acredita de modo geral: que a seleção natural funciona de maneira crucial para produzir e projetar um resultado. Contudo o tipo de argumento que ele oferece não demonstra isso. Referindo-se aos morcegos, ele mostra que estes animais têm uma técnica de ecolocalização surpreendente: podem encontrar um inseto voando em algum lugar e se lançar em direção a ele, guiando-se por meio de algum tipo de eco que sistemas feitos pelo homem não conseguem imitar. A conclusão é: veja como a seleção natural funcionou maravilhosamente. Isso é muito plausível, porém o argumento não o prova. O que fica demonstrado é que ela tem essas belas características. Uma recente resenha sobre o assunto, publicada na *Science*, salienta que é plausível supor que os dentes da piranha evoluíram para cortar, "todavia não temos nenhuma evidência direta de que foi isso que aconteceu". Um criacionista poderia dizer, irracionalmente, que Deus fez isso desse modo. Se você tiver uma abordagem naturalista do mundo orgânico, será justo que presuma que isso deve ter sido, em larga medida, resultado da seleção natural. Uma descrição da bela adaptação às necessidades do organismo é apenas a formulação do problema a ser tratado. O problema é: aqui está o objeto, aqui estão suas estranhas propriedades maravilhosamente adaptadas para a sobrevivência e reprodução. Isso estabelece o problema, mas não lhe dá uma resposta. Isso é muitas vezes considerado uma resposta ao problema, com base na suposição de que o resultado tem de ser fruto da seleção natural. O dogma, neste caso, é bastante plausível (é difícil pensar em qualquer outra coisa), mas isso não é uma resposta, e, algumas vezes, quando as coisas são examinadas cuidadosamente, a resposta acaba por ser algo diferente e inesperado. As coisas são o que são, não necessariamente aquilo que sonhamos. De fato, no momento, pouco se sabe a respeito dos processos evolutivos, além dos princípios essenciais e, é claro, da grande quantidade de trabalho descritivo que produz suposições altamente plausíveis (como a ecolocalização e os dentes da piranha), muitas coisas especiais sobre o que os genes fazem e assim por diante. A coisa toda parece, efetivamente, uma grande bagunça, mas pode não ser. Pode ser que a evolução, em seu conjunto, seja moldada por processos físicos em um sentido profundo, produzindo muitas propriedades que são atribuídas casualmente à seleção.

Agora, claro, quando as pessoas dizem que alguma coisa é resultado da seleção natural, elas não querem dizer isso literalmente. A seleção natural não pode funcionar em um vácuo; tem de funcionar dentro de uma gama de opções, uma gama estruturada de opções; e essas opções são oferecidas pelas leis físicas e pelas contingências históricas. O ambiente ecológico está em certo estado e impõe restrições: você poderia imaginar um planeta no qual houvesse condições ecológicas diferentes e as coisas funcionassem de uma maneira diferente. Conseqüentemente, existem contingências e existem as leis físicas; e, dentro desse raio de ação, a seleção natural encontra seu caminho, encontra um rumo através dele; mas não é possível aceitar a hipótese de que a seleção natural atue por sua própria conta. A lógica é, antes, semelhante à do behaviorismo, como foi ressaltado por Skinner[21]. Ele achava que um argumento a favor de seu behaviorismo radical era o fato de ele funcionar como uma seleção natural não-estruturada: assim, o pombo é portador de qualquer comportamento possível; você reforça aquele que você quer e consegue ter pombos que joguem pingue-pongue etc. Ele argumentava que essa é a mesma lógica da seleção natural, o que é verdade, mas o que lhe escapava era o fato de que a seleção natural requer um ambiente estruturado, entidades estruturadas e condições impostas pela lei natural; e o mesmo é válido quanto ao pombo. Portanto, é a mesma lógica e o mesmo erro para ambos. E isso é comum. Quando você lê esses pronunciamentos entusiasmados sobre "mostre-me algo bem projetado e eu aceitarei a seleção natural", "Deus ou seleção natural", tomados literalmente, são piores que o Criacionismo. Este pelo menos é coerente; você pode ser um criacionista racional (Voltaire, Jefferson etc.), pode até ser um neodarwinista. Um criacionista racional poderia dizer: muito bem, todas essas coisas aconteceram por meio da seleção natural, porém Deus foi necessário para fazer X. Não há nenhuma prova nessa afirmação vazia, mas ela não é incoerente. Por outro lado, uma crença na pura seleção natural seria totalmente irracional, pois pressupõe que o processo de seleção pode ocorrer no vazio, o que não pode acontecer. Tudo aquilo que acontece está, até certo ponto, condicionado às leis físicas pelo menos. Há uma espécie de

---

21. B. F. Skinner (1957), *Verbal Behavior* (Nova York: Appleton-Century-Crofts).

"canal" estabelecido pelas leis físicas, e, além disso, existem contingências históricas e assim por diante. Dentro dessas restrições estruturadas, a seleção natural pode funcionar. Bem, isso sempre dá origem a uma pergunta: em que medida o canal funciona, na determinação do resultado? Vai ser mais que zero, tem de ser. Em alguns casos, pode ficar próximo de 100%. Considere o fato de que você encontra a série Fibonacci em todos os lugares. Ninguém acredita que seja ou Deus ou a seleção natural. Todos presumem que isso seja resultado das leis físicas; e já existem explanações físicas não triviais a respeito do motivo pelo qual você deveria encontrá-la. Portanto, entre 100% e alguma coisa, esse é o efeito do "canal".

Diante disso, quando você entende muito pouco e tudo parece ser uma bagunça, você supõe... muito bem, isso é apenas um passeio pelo leque de possibilidades, é uma improvisação. Mas, conforme você aprende mais, pode descobrir que isso não é absolutamente uma verdade, talvez a maior parte da evolução biológica seja semelhante à série Fibonacci. Na biologia moderna, há uma tradição de cientistas sérios que tentaram explorar essa idéia. O mais famoso deles é D'Arcy Thompson[22], que tentou demonstrar que você poderia explicar vários aspectos da natureza dos organismos recorrendo basicamente à biofísica: que tipos de formas poderiam existir? Na verdade, Goethe fez algo semelhante[23]. Ele tinha idéias interessantes, algumas delas tornaram-se certas, quero dizer, não do modo como ele achava, mas basicamente certas: no crescimento da planta, tudo é uma ré-

---

22. W. D'Arcy Thompson (1917), *On Growth and Form* (Cambridge: Cambridge University Press).
23. Johann Wolfgang Goethe, *Bildung und Umbildung organischer Naturen* (1807).

plica da mesma estrutura inúmeras vezes, o talo e a folha; ele meio que adivinha, é uma história confusa, mas mais ou menos acerta. Com D'Arcy Thompson, isso se torna ciência real. Não se fez muito com ela, porque provavelmente era muito difícil. Porém isso deu início à uma tradição. Outra pessoa famosa que retomou isso a seguir foi Alan Turing[24]. Isso não é conhecido muito bem fora da biologia. Turing é conhecido principalmente por sua matemática, mas também se dedicou a problemas biológicos. Foi um cientista sério e interessou-se em mostrar como – dado um sistema termodinâmico de certo tipo, em que exista alguma singularidade – uma leve perturbação poderia levar a um sistema distinto, repentinamente. Portanto estava interessado em coisas como as listras da zebra: por que as zebras têm listras, em vez de terem apenas alguma mistura? E tentou construir modelos nos quais você conseguiria coisas semelhantes às listras da zebra, apenas por meio de processos físicos com uma leve perturbação que muda todas as coisas. E, conforme me disseram, os modelos matemáticos estão aparentemente certos. Saber se eles funcionam com zebras é outro problema, acho que a crença corrente (não sou especialista) é de que, para as zebras, isso provavelmente não funciona, porém provavelmente funciona para o acará-bandeira, um certo tipo de peixe que tem listras estranhas por todo o corpo. Aparentemente, os modelos de Turing – ou alguma versão modificada deles – fazem um trabalho importante para a explicação disso.

---

24. Ver o texto clássico de Alan Turing, "The chemical basis of morphogenesis", em: *Philosophical Transactions of the Royal Society of London* (1952), pp. 37-72, e a resenha do assunto em Ian Stewart (1998), *Life's Other Secret* (Nova York: John Wiley).

No nível dos sistemas muito simples, grande parte disso é bastante aceito. A mitose é um exemplo importante. Ninguém acha que existam genes que digam à célula que se fragmenta para se transformar em esferas, da mesma maneira que você não tem um gene para lhe dizer para cair se você pisar fora do telhado de um edifício. Isso seria uma loucura. Você cai simplesmente porque as leis físicas estão funcionando, e provavelmente são as leis físicas que estão dizendo às células para se fragmentarem em duas esferas. Bem, outro caso geralmente aceito é o da cápsula dos vírus, que são poliedros, na verdade icosaedros. Simplesmente pela geometria pura, verifica-se que existem somente alguns tipos de formas capazes de surgir, ser estáveis e ajustar-se umas às outras. Os vírus adquirem uma dessas formas e escolhem, dentre as possíveis figuras geométricas, aquela mais próxima de uma esfera; assim, não escolhem pirâmides, escolhem icosaedros. Talvez isso envolva seleção, contudo supõe-se que as possíveis cápsulas dos vírus são determinadas apenas por leis físicas. Ou considere o favo de mel das abelhas, que é também baseado em poliedros. Existem outras coisas: há um organismo – ninguém sabe sequer se podemos chamá-lo de organismo – chamado *slime mold**, que começa com pequenos organismos, todos eles colam-se uns aos outros, depois tornam-se um organismo maior e finalmente dividem-se e tornam-se organismos separados. Isso acontece de modo regular, e penso que a matemática disso está muito bem resolvida. Existe alguma propriedade física bastante direta que, uma vez em operação, leva a esse comportamento aparentemente

---

* Literalmente, "fungo de lodo", ou simplesmente "substância de lodo". (N. do R.)

complicado. Portanto, superficialmente, isso poderia se assemelhar a uma improvisação e um ajuste de algum ambiente, porém, na verdade, foi provavelmente apenas alguma leve mudança que levou a esse acontecimento. Até que ponto isso vai? Em sua maioria, as coisas simplesmente não são compreendidas, e portanto você não sabe até onde isso vai. Quando você vai além das estruturas simples, está supondo o que poderia ter acontecido, e, quando se aprende alguma coisa, a suposição muitas vezes se torna errada, porque você simplesmente não pode supor, existem muitas possibilidades, muitas delas nem sequer imaginadas. A evolução do olho, por exemplo, foi estudada amplamente, e uma conclusão padrão foi que ele tinha evoluído independentemente cerca de cinqüenta vezes. Trabalhos recentes descobriram que há uma única origem e um único "gene de controle mestre" para todos os olhos no mundo orgânico[25]. Depois, no decurso de bilhões de anos, processos evolutivos (seleção natural funcionando dentro de um "canal" estruturado) deram origem a muitos tipos de olhos, superficialmente muito diferentes, porém com profundas uniformidades.

Agora voltemos à linguagem. Parece ser um fato que a linguagem está isolada biologicamente. Voltemo-nos novamente ao trabalho de Hauser, que é *o* estudo enciclopédico da evolução da comunicação, na realidade um estudo de comunicação comparada. A linguagem nem sequer se encaixa em sua taxonomia. A linguagem humana é o tópico excitante, assim o livro começa com linguagem, termina com linguagem e no meio há estudos de comunicação comparada. Mas existe nele uma taxonomia de possíveis sistemas, e a linguagem não faz parte

---

25. Walter J. Gehring e Kazuko Ikeo (1999), *Trends in Genetics*, setembro.

deles. Entre os sistemas possíveis, incluem-se gritos de chamado de primatas não-humanos, cantos de pássaros etc. Há sistemas relacionados à sobrevivência, ao acasalamento e à reprodução, bem como os referentes à identificação do emissor do chamado, e assim por diante. O estudo é sobre isso. A linguagem não se encaixa ali. Você pode usar a linguagem para identificar-se, para a reprodução, para advertir sobre predadores. Mas não é possível estudar linguagem seriamente nesses termos. A linguagem simplesmente não tem lugar na taxonomia. Na realidade, Hauser menciona isso de certo modo, porém sem deixar claras as conseqüências do que está dizendo. Ele diz que seu livro todo "não tem relação alguma com o estudo formal da linguagem"; bem, "não tem relação alguma" é forte demais, mas é isso que ele diz. Porém, o que é o estudo formal da linguagem? A resposta é: praticamente tudo sobre linguagem. Pode ser que ele tenha em mente regras em alguma notação, contudo não é isso. "O estudo formal da linguagem" inclui todos os trabalhos que procurem determinar a natureza da linguagem, exatamente como "o estudo formal da dança da abelha" inclui, para todos os efeitos, toda a literatura sobre o tópico. Assim, quer seja sintaxe, semântica, fonologia, pragmática ou como você quiser chamar, esse é o estudo formal da linguagem. Se nada no livro "tem relação com o estudo formal da linguagem", isso é simplesmente outro modo de dizer que a linguagem não pertence a essa taxonomia. E aparentemente isso é verdade. Certamente ele está fazendo um sério esforço para mostrar que a linguagem pertence, porém, quando você examina, verifica que ela não se encaixa, quer tenhamos em mente as propriedades da linguagem, quer suas várias "funções". Quando Hauser chega ao último capítulo do livro, denominado "Future Directions" [Tendências futuras], ele especula sobre como algum dia poderemos ser capazes de dizer alguma coisa sobre a evolução desses sistemas, porque agora não podemos dizer essencialmente nada. No caso da linguagem, o que ele diz é: "veja, há dois problemas; você obviamente tem de memorizar muitas palavras e precisa ter um sistema gerativo, que vai lhe dar uma ordem infinita de expressões, portanto alguma coisa tem de lidar com elas". Bem, como você faz isso? A ordem infinita de expressões, ele apenas a insinua de passagem: menciona o problema, mas não faz especulações, o que faz sentido, porque não há especulação séria. E sobre o crescimento maciço da ordem das palavras? Ele observa que há pouco a dizer sobre isso, também. Não é como os gritos dos animais. O aprendizado da palavra, ele salienta, deve envolver uma capacidade de imitação; assim, os humanos têm uma capacidade inata de imitação. Obviamente muito mais do que isso, como ele reconhece. E sobre a capacidade de imitação, então? Bem, acontece que isso também é um mistério total. Segundo Hauser, essa capacidade não é encontrada sob nenhuma forma significativa em outro lugar no mundo orgânico e não há como saber como isso aconteceu, é o que ele (efetivamente) conclui. Então, é um beco sem saída completo. Não há essencialmente nada a ser dito, a linguagem está fora do mapa. Essa é a conclusão básica decorrente de seu abrangente compêndio de comunicação comparada.

Isso não significa que a linguagem não seja o resultado da evolução biológica, obviamente todos nós presumimos que ela é. Porém que tipo de resultado da evolução biológica? Bem, aqui você tem de recorrer ao pouco que sabemos. Podemos elaborar muitas histórias. É muito fácil; por exemplo, pegue a linguagem como ela é, fragmente-a em cinqüenta coisas diferentes (sílaba, palavra, reunião de coisas, frases e assim por diante) e diga:

"Muito bem, tenho a história: houve uma mutação que originou as sílabas, houve outra mutação que originou as palavras, uma outra que originou as frases... outra que (miraculosamente) produz a propriedade recursiva (realmente, todas as mutações são deixadas como milagres)." Muito bem, pode ser, ou talvez seja algo totalmente diferente. As histórias são livres e, de modo interessante, em sua maioria são independentes do que a linguagem é. Assim, se ficar confirmado que a linguagem tem um parâmetro nuclear, será a mesma história; se ela não tiver um parâmetro nuclear, será a mesma história. A história que você escolher é praticamente independente dos fatos. E continuará sendo assim, até você saber alguma coisa. Você pode criar histórias sobre o olho, sobre asas e assim por diante. O que aconteceu é o que aconteceu, não é necessariamente a história que você escolhe. E examinar a maravilhosa adaptação de algum sistema a seu ambiente, quando isso é o que descobrimos, apenas estabelece o problema, não é a resposta, apesar de ser um equívoco comum.

Voltando à linguagem, o que você tem é um sistema que, tanto quanto sabemos, é essencialmente uniforme. Talvez tenha havido alguma especiação em algum momento, mas somente uma espécie sobreviveu, a saber, nós; parece não haver nenhuma variação na espécie. É verdade que encontramos a síndrome de Williams e o Déficit Especificamente Lingüístico, mas isso não é, em sentido algum, variação na espécie; são desvios do sistema fixo, que ocorrem de vez em quando, mas o sistema básico parece ser uniforme. Em outras palavras, até onde sabemos, crianças aprendem qualquer língua em qualquer lugar, o que significa que o sistema básico é uniforme. Ninguém encontrou diferenças genéticas; talvez existam algumas, porém são aparentemente tão sutis que não somos capazes de detectá-las. Portanto este é fundamentalmente um sistema uniforme, o que significa que, desde seu aparecimento, não houve nenhuma evolução significativa. Ele simplesmente permaneceu do jeito que é. As pessoas se espalham pelo mundo. Há grupos de pessoas que ficaram separados por um longo período e, no entanto, ninguém consegue detectar nenhuma diferença lingüística. Portanto, aparentemente, é uma coisa recente, muito recente para ter evoluído muito. Existe também um ponto que Jerry Fodor enfatizou recentemente[26]: a linguagem é diferente da maior parte dos outros sistemas biológicos, inclusive de alguns sistemas cognitivos, visto que as restrições físicas e externas que tem de satisfazer são extremamente fracas. Assim, há algum tipo de sistema inato de reconhecimento de objetos: crianças podem identificar constâncias de objetos; elas sabem que as coisas não passam por barreiras etc. Mas esse sistema, seja o que for, tem de estar afinado com o mundo exterior; se você possuísse um sistema que tivesse objetos passando por barreiras e assim por diante, você não poderia progredir no mundo. Portanto, de certo modo, esse sistema é controlado pelo mundo exterior. Então, faz sentido especular que ele foi selecionado – isso é uma especulação, porém plausível, como a ecolocalização. Por outro lado, a linguagem não tem de satisfazer essa condição, ou tem de satisfazê-la de modo muito ameno. Você tem de ser capaz de falar sobre o mundo de alguma maneira, contudo há várias maneiras de fazer isso. A condição fundamental que a linguagem tem de satisfazer é a de que possa ser usada, que a pessoa que a possui possa usá-la. Você pode usar efetivamente a lin-

---

26. Fodor (2000).

guagem, mesmo que seja a única pessoa no universo que a possua, e, de fato, isso seria até uma vantagem adaptativa. Se uma pessoa obtivesse de repente a faculdade de linguagem, ela teria grandes vantagens; essa pessoa poderia pensar, poderia articular seus pensamentos para si mesma, poderia planejar, poderia apurar e desenvolver o pensamento como fazemos no discurso interior, que tem um grande efeito em nossas vidas. O discurso interior constitui a maior parte de nosso discurso. Quase todo o uso da linguagem é para a própria pessoa e pode ser útil para todos os tipos de propósito (também pode ser prejudicial, como todos sabemos): imaginar o que você vai fazer, planejar, esclarecer seus pensamentos etc. Assim, se por acaso um organismo adquirisse a capacidade de linguagem, ele poderia ter vantagens reprodutivas enormes. E, se por acaso ela proliferasse em uma geração ulterior, todos a teriam. Em um grupo maior, seria necessário somente que ela fosse compartilhada. A conexão com o mundo exterior seria extremamente fraca e por isso poderia ser muito estável, porque não haveria sentido em mudar. Não haveria nenhuma vantagem em qualquer mudança que ocorresse, ou ela poderia ser estável simplesmente por não ter tido tempo suficiente. De qualquer maneira evidentemente ela se manteve estável.

O que aconteceu antes do surgimento? Isso é adivinhação. Parece ser um absurdo ver a linguagem como uma ramificação dos gritos de primatas não-humanos, pois ela não compartilha nenhuma propriedade interessante com eles, ou com os sistemas gestuais ou com qualquer coisa que conheçamos. Portanto chegamos a um beco sem saída. A linguagem tem propriedades altamente incomuns: a infinitude discreta é incomum, a referência deslocada é incomum, as mais elementares propriedades semânticas e estruturais parecem incomuns. É possível que o que aconteceu tenha sido o que Richard Lewontin e outros especularam[27]: durante um milhão de anos, o cérebro se expandiu; foi ficando maior que o de outros primatas remanescentes, e, em certa fase (de acordo com o que sabemos, por volta de cem mil anos atrás), alguma leve mudança pode ter ocorrido e o cérebro foi reorganizado para incorporar a faculdade de linguagem. É possível. Seria como as listras do acará-bandeira, as cápsulas poliédricas etc. A compreensão do canal físico para a seleção natural é tão limitada, que realmente não é possível ter uma opinião sobre isso. Você pode fazer troça, se quiser, ou pode empunhar uma bandeira a favor disso. Mas isso não faz muito sentido. A não ser nos casos mais simples, não temos o conhecimento de como o canal físico restringe e controla o processo de seleção. Lewontin é um dos que pensam que nunca saberemos a resposta para os processos mentais humanos mais elevados – e que, por qualquer método que agora possamos imaginar, somos incapazes de encontrar a resposta, não somente para a linguagem, mas também para todo tipo de cognição. Outros acham que podem fazer alguma coisa. Mas contar histórias não é muito instrutivo. Você pode contar histórias sobre asas de insetos, mas continuamos sem descobrir como elas evoluíram – talvez de protuberâncias que funcionavam como termorreguladores, segundo uma das concepções existentes sobre o assunto. Um caso famoso é o do pescoço das girafas, que é um caso ao qual sempre nos referimos como exemplo óbvio de seleção natural com função bem delineada. As girafas ficam com o pescoço um pouco maior, para alcançar os frutos que estão mais no alto. Depois elas se repro-

---

27. Lewontin (1990).

duzem, e, assim, as girafas têm pescoços compridos. Foi recentemente descoberto que isso, ao que parece, é falso. Girafas não usam o pescoço para alcançar alimentos mais altos; fim da história. Você tem de imaginar outra história: talvez uma exibição sexual como a do pavão, ou alguma outra coisa, porém a questão é que a história não importa. Você pode contar histórias muito plausíveis em todos os tipos de casos, mas a verdade é o que é. Você pode contar histórias sobre planetas, como de fato fizeram os gregos: belas histórias, porém as coisas não funcionam desse modo. No caso da linguagem, sabemos que algo aflorou em um processo evolutivo, e não há nenhuma indicação de alguma mudança evolutiva desde que ela aflorou. Ela surgiu certo dia, até onde sabemos, muito recentemente. Não há evidência real referente ao uso da linguagem antes de talvez cinqüenta mil anos atrás, ou algo assim. No que se refere à neuroanatomia, entretanto, parece haver alguma evidência antes disso, talvez cento e cinqüenta mil anos atrás. De qualquer forma, é recente. Em termos evolutivos, o afloramento parece ter sido bastante súbito, e parece ter ocorrido em um organismo com um cérebro muito grande, que foi desenvolvido por qualquer razão, e concebivelmente através de alguma reconstrução do cérebro, a qual acionou processos físicos que levaram a algo que funciona quase otimamente, como uma cápsula de vírus. Se a teoria minimalista tivesse efetivamente alguma credibilidade significativa, essa não seria uma conclusão irracional; naturalmente você tem de estabelecer a tese.

AB & LR: Então, a linguagem poderia ter vindo a existir de repente, através de uma única mutação, basicamente em sua forma moderna, e a seleção natural não teria tido tempo de influir nela. Como podemos comprovar essa "fábula evolutiva", como você a chama em "Minimalist Inquiries" [Investigações Minimalistas]? Que tipo de evidência temos do caráter recente da linguagem humana?

NC: Bem, um dos pontos é que, como qualquer pessoa sabe, simplesmente não havia muitos seres humanos por aí. Estimativas atuais da quantidade de indivíduos, não sou capaz de restabelecê-las com segurança de memória, porém pode ter sido algo semelhante a vinte mil (cerca de cem mil anos atrás), de fato uma população muito pequena, que depois espalhou-se extremamente. Ao contrário de outros organismos grandes, os seres humanos escaparam de qualquer nicho ecológico delimitado, portanto estavam por todo lado, presumivelmente vindos de uma única origem. Eles estavam adaptados a muitos ambientes. Eram poucos grupos – e grupos muito pequenos. E então houve um aumento; quero dizer, nada como a explosão das últimas centenas de anos, porém houve um aumento substancial e isso coincidiu aproximadamente com o aparecimento das manifestações simbólicas, várias cerimônias e pessoas enterradas com seus utensílios, muitas coisas que indicam a existência de uma organização social complicada. Isso é bem difícil de imaginar sem a linguagem. Portanto esse é o tipo de evidência disponível. Existe também alguma evidência fisiológica: Philip Lieberman argumentou que a laringe deles afundou[28]. Alguns cientistas concordam; outros, não. O que quer que isso signifique, é periférico. No que concerne à percepção, não parece haver nada muito detectável. Finalmente, quanto aos sistemas de raciocínio, não há registros e, ao que parece, nem muita coisa para aprender a partir dos primatas não-humanos remanescentes.

---

28. Philip Lieberman (1984), *The Biology and Evolution of Language* (Cambridge, MA: Harvard University Press).

5. Alcance e perspectivas

AB & LR: Em uma palestra recente na Scuola Normale de Pisa, você citou o químico inglês do século XVIII, Joseph Black, enfatizando a importância, para sua disciplina, de estabelecer um "corpo de doutrina" com base no modelo da física newtoniana. A Gramática Gerativa – e, mais especificamente, o quadro dos Princípios e Parâmetros – permitiu certamente muitas descobertas sutis e surpreendentes sobre um amplo domínio, e podemos argumentar que um "corpo de doutrina" significativo sobre diferentes aspectos da linguagem humana foi estabelecido. Tomando por certo o fato óbvio de que nada é definitivamente adquirido na ciência empírica, quais são os aspectos que você consideraria "resultados estabelecidos" em nosso campo?

NC: Minha opinião própria é que quase tudo está sujeito a ser questionado, especialmente se você examina de uma perspectiva minimalista. Sobre tudo o que você examina, a pergunta é: por que isso está ali? Assim, se você tivesse me perguntado há dez anos, eu teria dito que regência é um conceito unificador, que a teoria X-barra é um conceito unificador, que o parâmetro núcleo é um parâmetro óbvio, que o PCV etc., mas agora nenhum desses parece óbvio. A teoria X-barra, creio eu, provavelmente está errada, a regência talvez não exista. Se Kayne estiver certo, a parametrização correta não será com o parâmetro núcleo, mas com alguns outros tipos de parâmetros referentes a movimentos opcionais, certamente plausíveis, possíveis. Simplesmente temos de verificar. Mas não pense que isso é tão incomum. Se você examina a história das ciências, essa é exatamente a situação comum. Mesmo nas ciências avançadas, quase tudo é questionável. Muita coisa do que aprendi na faculdade, digamos, nos cursos de ciência, não seria ensinada hoje. De fato, o que era ensinado há vinte anos seria ensinado hoje de modo diferente, tanto em física quanto em química. Algumas coisas são relativamente estáveis. A Tabela Periódica ainda está aí, porém partículas elementares não têm nenhuma semelhança com o que nos foi ensinado. Efetivamente, em qualquer disciplina viva, você realmente não espera que o corpo de doutrina seja extremamente estável. Você encontrará novas perspectivas, algumas coisas serão reinterpretadas. As mudanças, muitas vezes, podem não parecer muito grandes vistas de fora; porém, em certo sentido, você poderia dizer a mesma coisa sobre a Gramática Gerativa, durante os últimos cinqüenta anos. Vista externamente, ela parece mais ou menos a mesma, mas internamente você pode ver que ela está muito diferente, e suspeito que isso continuará. O que são as condições de ilha, por exemplo? Há quarenta anos, esse tem sido um tópico essencial de pesquisa, e ainda não acho que o tenhamos entendido. Existem certamente muitos dados que não são compreendidos: Paul Postal[29] tem um livro recente sobre isso, e estou certo de que ele tem toneladas de dados que não funcionam de nenhum modo imaginável. Problemas como esses são abundantes. E também, pelo menos até onde sei, não há realmente nenhuma explicação criteriosa a respeito de diversas condições de ilha. Por outro lado, alguma coisa permanecerá estável. A diferença entre ilhas fracas e fortes parece estável; talvez não a entendamos, mas existe algo ali que é estável. Também as condições de localidade

---

29. Paul Postal (1999), *Three Investigations of Extraction* (Cambridge, MA: MIT Press).

e movimento cíclico sucessivo parecem estáveis para mim, em algum nível de abstração. Suspeito fortemente que a diferença entre traços interpretáveis e ininterpretáveis virá a ser estável – embora esta seja uma observação recente (cinco anos atrás não havia discussão sobre isso). De alguma maneira, a teoria métrica permanecerá. A estrutura do argumento também permanecerá, assim como as propriedades de escopo e reconstrução, bem como as recentes descobertas sobre estrutura fina. A essência da teoria da ligação permanecerá, mas provavelmente será reinterpretada. Não que alguma coisa seja descartada; os resultados a respeito do, digamos, PCV permanecerão, mas poderão ser distribuídos em diferentes domínios, talvez considerados de modo diferente, e assim por diante. Mas não acho que possamos realmente predizer muita coisa. É um campo jovem, as mudanças estão ocorrendo rapidamente e há muitas coisas que não foram explicadas. Estou certo de que há novas perspectivas nas quais ainda não pensamos. Eu não esperaria estabilidade, nem teria esperança a esse respeito. Se houver estabilidade, isso significa que não chegaremos muito longe, porque, na fase em que nos encontramos agora, há simplesmente mistérios demais. Assim, se o campo permanecer estável, isso significa que vão continuar existindo mistérios. Isso foi verdade com relação à química na época em que Joseph Black, o químico que você citou, escreveu em meados do século XVIII. Vamos apenas considerar como era a química em meados do século XVIII e como ela é hoje. Black não seria capaz de reconhecer a disciplina atual. Na época de Black, ainda era comum supor que os componentes básicos da matéria eram terra, ar, fogo e água, que a água podia se transformar em terra e assim por diante. Os químicos tinham um "corpo de doutrina" substancial naquela época, sabiam muita coisa sobre reações químicas – quando aconteciam e como aconteciam –, porém o modo de considerá-las mudou totalmente. Ver Lavoisier, por exemplo, que fundou a química moderna e criou a nomenclatura que todos ainda usam – e a nomenclatura não era apenas uma terminologia; supunha-se que ela fosse a verdade, ela se destinava a dizer a verdade. Assim, o oxigênio é o gerador de ácidos porque essa é sua natureza (o que se mostra falso). Em uma de suas classificações, encontramos, ao lado de hidrogênio e oxigênio, "calórico", aquilo a que chamamos "calor". Portanto tudo mudou. E ele fez uma espécie de antecipação disso; disse, naquela época, que provavelmente a natureza dos elementos é incognoscível para os seres humanos, de modo que podemos apenas especular. E a química era uma ciência bastante avançada naquela época.

AB & LR: Falando com especialistas de outras disciplinas, por vezes as pessoas perguntam: quais são os resultados da lingüística moderna? Existe algum modo de expressar alguns dos resultados, independentemente da linguagem técnica que os torna opacos para o público como um todo?

NC: Há coisas compreendidas que você pode ilustrar facilmente. Como exemplo, podem-se citar as propriedades do deslocamento de *qu-*, que são muito pronunciadas. Muitas dessas propriedades são entendidas em certo nível – por exemplo, as distinções de Huang e os efeitos de ilha[30], ou coisas ainda mais complicadas, como lacunas

---

30. James Huang (1982), "Logical Relations in Chinese and the Theory of Grammar", dissertação de PhD [doutorado], MIT. Sobre lacunas parasíticas, ver Noam Chomsky (1982), *Some Concepts and Consequences of the Theory of Government and Binding* (Cambridge, MA: MIT Press) e referências citadas ali.

parasíticas e assim por diante. Mesmo exemplos mais simples podem ilustrar pontos bastante complexos. Algumas vezes, uso exemplos tais como construções adjetivais complexas (o inglês é bom para isso, melhor que outras línguas com adjetivais complexas), que ilustram o movimento cíclico sucessivo no sintagma predicado, embora não haja nada visível, existe um operador vazio. Contudo os fatos são claros e você pode ver os mesmos fatos que vê nas perguntas com *qu-*; você pode enunciar os princípios que produzem os fatos interpretativos em *John is too stubborn to talk to* [John é teimoso demais para conversar com*], essa espécie de coisa. Há bastante material como esse, que é estável, fácil de ilustrar; você pode enunciar os princípios, algo que é conhecido sobre os princípios gerais. Creio que esteja bem claro o fato de que há um componente que se ocupa da estrutura sintagmática de alguma maneira, bem como um componente que se ocupa do deslocamento de alguma maneira; e também que eles têm propriedades diferentes, tanto semânticas quanto formais. O mesmo acontece se você passar para a fonologia. Assim, é claro que existe uma quantidade considerável de coisas que podem ser apresentadas em palestras proferidas, digamos, para uma categoria de ouvintes compreendendo desde alunos do ensino médio até os de faculdades e o público em geral. É bastante fácil apresentar esse tipo de material para eles – e estou certo de que vocês fazem o mesmo –, fazendo-os entender e até ver os princípios subjacentes. Portanto, existem muitas respostas que não são triviais. Por outro lado, se vocês perguntam por um sistema axiomático, isso não existe, como tampouco existe em nenhuma outra ciência. Quero

---

* A estrutura não tem equivalente exato em português. (N. do R.)

dizer, se alguém perguntar quais são os resultados da biologia, não será possível fazer mais que apresentar um sistema organizado, envolvendo seleção natural, genes, os resultados de Mendel e a genética moderna etc.; e depois você pode ilustrar algumas coisas.

AB & LR: O Programa Minimalista levou os pesquisadores a repensarem os fundamentos de seu trabalho, oferecendo, desse modo, novas perspectivas sobre velhos problemas, levantando novas questões etc. Por outro lado, o Programa seleciona seu próprio domínio empírico com base em seus critérios estritos, eliminando de seu âmbito uma parte signifivativa do "corpo de doutrina" previamente constituído. Isso é inevitável? Você acha que é desejável?

NC: Seria muito bom submeter tudo a uma crítica minimalista, mas é muito difícil; porque, em qualquer campo, nada resiste a essa crítica. Conseqüentemente, assim que você olha para qualquer coisa, o trabalho mais bem estabelecido, e pergunta "Posso explicar isso tomando por base apenas a legibilidade na interface?", a resposta é não. Isso é válido para as coisas mais elementares, como a correspondência entre som e significado: esses são os dados básicos que as pessoas usam, este som corresponde a este significado, esses são os dados descritivos básicos de todos. Todavia isso não satisfaz os critérios minimalistas, pelo menos os estritos. Um critério minimalista estrito diria: "A expressão tem de ser legível quanto ao som e tem de ser legível quanto ao significado; mas, se ela forma um par correto, isto é algo carente de explicação." Você não dispõe desse dado e isso exigiria uma série de condições muito mais ricas, impostas de fora; na realidade não creio que sequer seja exprimível como uma série de condições provenientes de fora – porque, para saber se o par está correto, você tem de conhecer praticamente tudo. Portanto, de algum modo, mesmo esse simples dado, que todo lingüista toma como dado básico do campo há milhares de anos, não está disponível em uma explicação minimalista. Você tem de tentar explicá-lo, você tem de demonstrar que a solução ótima para a legibilidade do som e do significado (tomados independentemente) dará a você a interpretação correta para *John is easy to please* [John é fácil de agradar], não uma interpretação mais simples. Assim, o que deve ser feito, pelo menos é o que me parece, é pegar as partes essenciais – como, digamos, estrutura sintagmática e deslocamento – e perguntar quais componentes desses sistemas parecem ser problemáticos. Por exemplo, usando o critério que acredito vocês terem sugerido antes: ele caberia em um sistema simbólico inventado? Esse é um bom ponto de partida. Se você encontrar algo que não estaria em um sistema simbólico inventado, você terá de perguntar por que aquilo está na linguagem: a morfologia, por exemplo, o que ela está fazendo? E tão logo você pergunte, isso o levará a novas coisas, como, por exemplo, à diferença entre traços interpretáveis e ininterpretáveis, que é bastante clara, mas na qual eu nunca havia pensado antes. Nunca me ocorreu que existisse uma razão para a tradicional assimetria da concordância, que aprendemos na escola. Se você a considerasse de um ponto de vista de dez anos atrás, você diria que a relação é simétrica e que a assimetria tradicional é apenas uma convenção arbitrária. Mas, claramente, ela não é irracional, é uma percepção intuitiva de algo que parece ser bastante profundo; a distinção entre interpretabilidade em uma posição e não em outra. Assim, não é trivial, mas essas coisas não lhe vêm ao pensamento até você começar a perguntar: por que ela está ali? Mas, então, isso se aplica a tudo; tudo o que se classifica sob o PCV, sob a ligação, a regência, as categorias de proliferação e de flexão, sob quase tudo. Tão logo você faz a mais simples pergunta, acho que as descrições aparentemente óbvias começam a parecer totalmente problemáticas e, assim que você investiga, as perguntas começam a proliferar. Isso vale simplesmente para qualquer questão que você examine. Em qualquer coisa que você examine, verá que os pressupostos estão certos até certo ponto e de fato são esclarecedores, alguns são muito esclarecedores. Mas então você começa a examinar os pressupostos sobre os quais eles estão baseados e descobre que são duvidosos, não são evidentes por si mesmos e às vezes nem sequer naturais. Particularmente, o simples fato de a linguagem ter de ser legível na interface não os implica. Conseqüentemente você tem de buscar outra explicação para eles. Ou você diz: "Bem, desisto, as explicações têm de terminar em algum lugar, é um mistério"; ou então você procura uma explicação, e os pressupostos freqüentemente vão por água abaixo. De qualquer modo, não deveríamos aceitar a idéia de que é um mistério. Talvez seja, mas é cedo demais para presumir isso. É uma admissão de derrota que certamente é prematura. Pode ser, talvez seja um mistério. Sempre estivemos dispostos a aceitar princípios (e, de modo justo, não critico isso) porque eles produzem resultados. Essa é a forma certa de proceder, sem perguntar por que tais princípios existem. Todavia, em alguma fase, talvez seja cedo demais, mas, em alguma fase, vai ser necessário perguntar por que os princípios existem, e uma abordagem minimalista oferece um modo de examinar isso. Talvez exista algum outro modo, mas não consigo pensar em nenhum outro modo no momento.

AB & LR: Podemos tratar o mesmo problema de levantamento empírico, partindo de uma perspectiva um pouco diferente. Por um lado, o PM* baseia-se fortemente em uma teoria de interfaces, que forneceria as restrições externas a serem atendidas pela faculdade de linguagem. Como tal, o PM deveria promover a pesquisa sobre os sistemas vizinhos e as interfaces, até mais que os modelos anteriores. Por outro lado, o programa, por enquanto, não oferece muita orientação para o estudo de sistemas que se presume serem relacionados à linguagem, mas que diferem, em sua constituição, da "sintaxe restrita" (no sentido que você deu ao termo). Você acha que isso é uma contingência da fase atual da pesquisa e que as coisas poderão – ou deverão – mudar no futuro?

NC: Em primeiro lugar, o foco nas interfaces é extremamente recente; até agora, tanto quanto sei, sempre se pressupôs, sem nenhum questionamento, que existem duas interfaces. Isso remonta a Aristóteles: há um som e um significado, e isso é assim. Você examina as correspondências som-significado, a fonética o informa do som, ninguém sabe o que o informa do significado. Essa tem sido a pressuposição geral; e isso não tinha muita importância. Quer a suposição estivesse certa, quer estivesse errada, ela não causaria nenhum efeito nas teorias, porque elas não foram projetadas para satisfazer as condições de interface. Assim que você pensa sobre isso – sobre o fato de que a propriedade essencial da linguagem deve ser que ela satisfaz as condições de interface (e essa parte, todos têm de aceitar) –, então surge a pergunta: o que são as interfaces? Isso realmente não surgiu antes, porém agora vai ser importante. Assim que você as examina, vê que realmente não sabemos o que elas são.

---

* Programa Minimalista. (N. do R.)

Então, vamos pegar o caso fácil: a interface sensório-motora. Sempre se presumiu que haja uma, mas isso não é óbvio de modo algum. Poderia haver interfaces diferentes para articulação e percepção, e, além disso, não é óbvio que haja sequer uma interface, seja para a articulação, seja para a percepção. Suponha que algo semelhante ao quadro de Morris Halle esteja correto[31]: em algum nível, os traços dão instruções para os articuladores. Bem, nem todos eles têm de fazê-lo no mesmo ponto da derivação. Talvez alguns dêem instruções em um ponto e depois poderia haver mais computação fonológica, depois outra instrução é dada e assim por diante. Nesse sentido, poderia ser um sistema distribuído. Isso é impossível. Quero dizer, por que a biologia seria organizada de tal modo que houvesse um ponto fixo na computação em que você tem uma interface? A interpretação poderia ser *"on-line"* e cíclica, e até mesmo ocorrer em cada fase do ciclo; a instrução para os articuladores e o aparato perceptual poderiam ser diferentes quanto aos caracteres (em vez de uma única representação fonética) e distribuídos dentro da computação. Também poderia haver os tipos de interação propostos na teoria motora da percepção. Estes podem envolver interações entre dois aspectos da interface fonética. Assim, suspeito que seja bem possível haver todo tipo de surpresas.

Do outro lado, o lado do significado, parece-me que podem existir alguns resultados sugestivos. Grande parte dos trabalhos sintáticos mais interessantes atualmente

---

31. Morris Halle e Kenneth N. Stevens (1991), "Knowledge of language and the sounds of speech"', em: Johan Sundberg, Lennard Nord e Rolf Carlson (orgs.), *Music, Language, Speech and Brain* (Londres: Mcmillan), pp. 1-19; Morris Halle (1995), "Feature geometry and feature spreading", em: *Linguistic Inquiry* 26: 1-46.

em desenvolvimento (comumente chamados de "semântica", embora devessem ser considerados a extremidade da sintaxe, creio eu) não satisfaz as condições minimalistas naturais sobre a faculdade de linguagem: teoria da ligação, escopo do quantificador ou até operações que parecem envolver movimento, como a Supressão do Contido no Antecedente*. Estes não se encaixam facilmente no quadro completo. Em primeiro lugar, as operações são contracíclicas ou, se cíclicas, envolvem regras muito mais complexas, transferindo estruturas para o componente fonológico, e outras complicações para explicar a falta de interação com algumas regras sintáticas essenciais. É concebível que estes sejam justamente os sistemas interpretativos referentes ao significado, o análogo à fonética articulatória e acústica, aquilo que acontece exatamente do lado de fora da faculdade de linguagem. Ninguém realmente tem uma idéia muito precisa dos processos computacionais imediatamente externos à faculdade de linguagem. Poder-se-ia dizer que existe uma linguagem do pensamento, ou algo assim; há conceitos etc., mas nunca se formulou nenhuma estrutura para o sistema que está fora da faculdade de linguagem. Bem, pode ser que esse seja o começo da descoberta de alguma estrutura que esteja exatamente na extremidade, usando operações semelhantes às operações internas, mas, provavelmente, não as mesmas. Elas têm propriedades diferentes.

Existem algumas possibilidades interessantes; por exemplo, essas operações do lado externo não se repetem. Portanto parece que você não tem QR** cíclico sucessivo, ACD cíclica sucessiva. Isso também é aparente-

---

* *Antecedent Contained Deletion* (ACD), em inglês. (N. do R.)
** *Quantifier Raising,* ou "movimento abstrato". (N. do R.)

mente verdade quanto às operações que provavelmente estão no lado do som, entre a interface interna sintaxe-fonologia e a interface externa entre a faculdade de linguagem e o sistema sensório-motor. Coisas que envolvem peso, vamos dizer, Transposição de SN Pesada, todas as operações que se classificam sob a restrição de borda direita*, de Ross. Estas também não se repetem. Essa parte da sintaxe interna é, de certo modo, periférica. Não é parte do que imaginaríamos ser o núcleo essencial da linguagem: os mecanismos para formulação do pensamento em expressões lingüísticas internas. As operações do componente fonológico, amplamente explicadas, são forçadas pelas necessidades do sistema sensório-motor. E, se essas operações têm propriedades semelhantes àquelas que ficam do lado externo da outra interface, isso é sugestivo. Portanto talvez isso seja o começo de algum tipo de estudo nada trivial dos sistemas de pensamento, de como eles estão funcionando no local próximo à faculdade de linguagem, onde você pode conseguir, pelo menos, acesso a eles. Essas são questões novas, questões que brotam imediatamente da insistência – certa ou errada – em que as operações internas têm propriedades minimalistas altamente sistemáticas.

Em termos gerais, o ponto é que – como é normal nas ciências – você está tentando demonstrar como a faculdade de linguagem satisfaz certas condições, mas você tem de descobrir essas condições, e você espera descobrir qual é o papel das condições no curso do processo de questionamento sobre como a faculdade de linguagem as satisfaz. Não é como o caso de um engenheiro que é informado sobre as condições e ouve o seguinte: "Muito

---

* *Right Roof Constraint*, em inglês. (N. do R.)

bem, satisfaça-as." Aqui estamos em um processo de descoberta, temos de descobrir o que são as condições; e descobrir o que elas são é parte do processo de descobrir como satisfazê-las, assim os dois processos caminharão de mãos dadas. Se essa abordagem conjunta vier a fazer algum sentido como tópico de pesquisa, o certo seria que ela levasse a uma exploração muito mais cuidadosa das próprias interfaces, do que está do outro lado delas. Isso deveria ser um empenho primordial de pesquisa, que realmente quase não teve lugar na abordagem do tema até hoje.

Com efeito, o processo de produção das imagens pode ser de particular interesse aqui. Estudos sobre a produção das imagens deveriam ser particularmente valiosos para o esboço da arquitetura geral dos sistemas e de como eles interagem e, conseqüentemente, para a exploração dos meios pelos quais a faculdade de linguagem (ou as várias faculdades de linguagem, se é assim que o quadro se desenvolve) interage com outros sistemas da mente-cérebro. Alguma luz foi lançada sobre essas questões pelos "experimentos naturais" (lesões cerebrais etc.), mas experimentos invasivos diretos estão, obviamente, excluídos. As tecnologias recentes deveriam oferecer um modo de superar algumas das barreiras impostas por considerações éticas e os efeitos difusos dos fenômenos naturais. Mesmo nas fases exploratórias iniciais, há resultados que são bastante sugestivos. Pode ser possível projetar programas experimentais que poderiam produzir novos e importantes tipos de informação sobre a natureza da faculdade de linguagem e o modo como ela é acessada e usada.

CAPÍTULO 5
O CLERO SECULAR E OS PERIGOS DA DEMOCRACIA

O termo "clero secular", tomo-o emprestado do destacado filósofo britânico e historiador da intelectualidade, Isaiah Berlin. Ele se referia aos intelectuais comunistas que defendiam a religião do Estado e os crimes do poder. Certamente, nem todos os intelectuais soviéticos associaram-se ao clero secular. Havia os *comissários,* que defendiam e administravam o poder, e os *dissidentes*, que desafiavam o poder e seus crimes.

Nós honramos os dissidentes e condenamos os comissários, com justa razão, obviamente. Sob a tirania soviética, todavia, a verdade era exatamente o oposto – também obviamente.

A distinção entre "comissários" e "dissidentes" remonta aos registros mais antigos da história, assim como o fato de que, internamente, os comissários são usualmente respeitados e privilegiados, e os dissidentes, menosprezados e freqüentemente punidos.

Consideremos o Velho Testamento. Existe uma palavra hebraica obscura que é traduzida como "*prophet*" [profeta] em inglês (e, de modo semelhante, em outras línguas ocidentais). Isso significa algo como "intelectual". Os profetas ofereciam análises geopolíticas críticas, bem como conselhos e críticas morais. Muitos séculos depois, eles foram honrados; em seu próprio tempo, eles não eram exatamente bem recebidos. Havia também "intelectuais" que *eram* respeitados: os bajuladores nas cortes dos reis. Séculos depois, eles foram denunciados como "falsos profetas". Os profetas eram os dissidentes, os falsos profetas, os comissários.

Houve inúmeros exemplos na mesma era e desde então. Isso levanta uma questão útil para nós: Nossas próprias sociedades são uma exceção à regra histórica? Acho que não: elas se amoldam à regra de modo bastante preciso. Berlin usava o termo "clero secular" para condenar a classe dos comissários do inimigo oficial; uma condenação perfeitamente justa, porém trivial. Outro universal histórico, ou quase isso, é que vemos com severidade os crimes dos que são considerados inimigos e os denunciamos vigorosamente, muitas vezes com grande farisaísmo. Olhar no espelho é um pouco mais difícil. Uma das tarefas do clero secular em nossas sociedades, como alhures, é proteger-nos dessa experiência desagradável.

George Orwell é famoso por sua eloqüente denúncia do inimigo totalitário e do comportamento escandaloso de seu clero secular, de modo mais notável talvez em sua sátira *A revolução dos bichos*. Na introdução a esse livro, ele também escreveu sobre a contrapartida disso nas sociedades livres, dando como exemplo a "censura literária" na Inglaterra. Na Inglaterra livre, escreveu, a censura é "amplamente voluntária. Idéias impopulares podem ser silenciadas e fatos inconvenientes podem ser mantidos na ignorância, sem necessidade nenhuma de proibição oficial". O resultado é que "qualquer pessoa que desafie a ortodoxia predominante ver-se-á silenciada com uma eficácia surpreendente". Ele fez apenas poucas observações sobre os métodos usados para atingir esse resultado. Um deles é que a imprensa está nas mãos dos "ricos, que têm todos os motivos para serem desonestos em relação a certos tópicos importantes" e para silenciar vozes indesejáveis. Um segundo dispositivo é a boa educação, que instila o "acordo tácito geral de que algum fato em particular 'não deveria ser' mencionado".

A introdução de *A revolução dos bichos* não é tão bem conhecida quanto o livro. A razão é que ela não foi publicada. Foi encontrada nos papéis de Orwell trinta anos depois e foi honrosamente publicada. Não obstante, continua desconhecida.

O destino do livro e o da introdução são uma ilustração simbólica da questão geral. O clero secular dos *outros* é mau, desprezível mesmo; os dissidentes dos *outros* são absolutamente admiráveis. Em casa, os valores são invertidos. As mesmas condições aplicam-se aos crimes que o clero secular deve condenar com fúria – ou suprimir e justificar, dependendo do agente.

Também isso é muito fácil de ilustrar. As ilustrações, porém, são enganosas. O importante é sua opressiva regularidade, fato que foi amplamente documentado na literatura dissidente, na qual ele pode ser facilmente ignorado, como ressaltou Orwell em seu desconhecido ensaio sobre censura voluntária em sociedades livres.

Embora esse caminho seja enganoso pelas razões mencionadas, ilustrarei o padrão geral com alguns exemplos atuais. Dada a regularidade, exemplos contemporâneos raramente são difíceis de serem encontrados.

Estamos nos reunindo em novembro de 1999, um mês em que, por acaso, dá-se o décimo aniversário de vários acontecimentos importantes. Um deles é o da queda do Muro de Berlim, que efetivamente provocou o fim do sistema soviético. Um segundo é o do último massacre de grande escala em El Salvador, levado a cabo por forças terroristas americanas chamadas de "exército de El Salvador" – organizado, armado e treinado pela superpotência reinante, que há muito tempo controla a região, essencialmente dessa maneira. As piores atrocidades foram cometidas pelas unidades de elite recém-chegadas do prolongado treinamento nos Estados Unidos, de modo muito semelhante aos comandos indonésios que foram responsáveis pelas atrocidades chocantes no Timor Leste, outra vez, este ano – que, de fato, continuam a ocorrer em acampamentos no Timor Leste indonésio. Os assassinos indonésios foram beneficiários do treinamento dos Estados Unidos, que perdurou do começo ao fim de 1998, organizado pelo presidente Clinton e violando a clara intenção da legislação parlamentar. Exercícios militares em conjunto com forças militares dos Estados Unidos continuaram até poucos dias antes do referendo de 30 de agosto de 1999, que desencadeou uma nova onda de violência conduzida pelo exército, após um ano de atrocidades que foram muito além do que aconteceu antes do bombardeio da OTAN em Kosovo. Tudo isso é sabido, porém "silenciado sem nenhuma proibição oficial", conforme as palavras de Orwell.

Voltemos aos décimos aniversários, com algumas palavras sobre cada um dos dois exemplos, começando com as atrocidades no protetorado americano de El Salvador, em novembro de 1989.

Entre os assassinados, havia seis importantes intelectuais da América Latina, padres jesuítas. Um deles, padre Ignácio Ellacuria, foi reitor da principal universidade de El Salvador. Era um escritor muito conhecido, assim como os outros. Podemos perguntar, então, como a mídia dos Estados Unidos e os jornais intelectuais – e os intelectuais do Ocidente em geral – reagiram ao assassinato de seis importantes dissidentes intelectuais executados por forças terroristas dos Estados Unidos: como eles reagiram na ocasião, ou agora mesmo, no décimo aniversário.

Quanto a hoje, a resposta é simples. A resposta foi o silêncio. Uma busca eletrônica da mídia dos Estados Unidos não encontrou nenhuma menção dos nomes dos seis intelectuais jesuítas assassinados. Além do mais, praticamente nenhum intelectual americano saberia seus nomes, ou leu uma só palavra que eles escreveram. Quase a mesma coisa acontece na Europa, segundo o que sei. Em gritante contraposição, todos podem, sem hesitação, dizer o nome e citar os textos dos dissidentes europeus orientais que sofreram severa repressão – porém no período pós-Stálin, nada semelhante aos horrores que foram um fato rotineiro da vida nos protetorados de Washington.

O contraste é revelador e nos ensinará muita coisa sobre nós mesmos, se decidirmos aprender. Ele ilustra bem o que Orwell descreveu: subordinação voluntária ao poder, da parte do clero secular em sociedades livres – incluindo a mídia, embora ela seja somente o exemplo mais visível.

Seria justo dizer que os intelectuais jesuítas foram assassinados duplamente: primeiro foram assassinados, depois silenciados por aqueles que puseram as armas na mão dos assassinos. Essa prática deveria ser familiar aqui. Quando Antonio Gramsci foi preso, o governo fascista resumiu seu caso, dizendo: "Devemos fazer este cérebro parar de funcionar por vinte anos." Os clientes ocidentais de hoje deixam menos ao acaso: os cérebros devem ser impedidos de funcionar para sempre e seus pensamentos também devem ser eliminados – inclusive o que eles têm a dizer sobre o terrorismo de Estado, que finalmente silenciou essas "vozes a favor dos que não têm voz".

O contraste entre a Europa Oriental na era pós-Stálin e os protetorados dos Estados Unidos é reconhecido fora dos domínios privilegiados do Ocidente. Após o assassinato dos intelectuais jesuítas, o jornal *Proceso*, da Universidade Jesuíta em San Salvador, observou:

> O chamado "processo democrático" salvadorenho poderia aprender muito com a capacidade de autocrítica que as nações socialistas estão demonstrando. Se Lech Walesa estivesse fazendo seu trabalho de organização em El Salvador, já teria entrado nas fileiras dos desaparecidos – nas mãos dos "homens vestidos com roupas civis e armados pesadamente"; ou teria sido despedaçado em um ataque com dinamite na sede de seu sindicato. Se Alexander Dubcek fosse um político em nosso país, teria sido assassinado como Héctor Oquelí [o líder social-democrata assassinado na Guatemala por esquadrões da morte salvadorenhos, de acordo com o governo guatemalteco]. Se Andrei Sakharov tivesse trabalhado aqui em favor dos direitos humanos, ele teria tido o mesmo destino de Herbert Anaya [um dos muitos líderes assassinados da Comissão Salvadorenha de Direitos Humanos – CDHES]. Se Ota-Sik ou Vaclav Havel tivessem realizado seu trabalho intelectual em El Salvador, teriam acordado em uma manhã sinistra, deitados no pátio do campus de uma universidade com a cabeça destruída por balas de um batalhão de elite do exército.

O jornal jesuíta está exagerando? Os interessados nos fatos podem dar a resposta, embora somente se forem bem além das fontes ocidentais convencionais.

Qual foi a reação, dez anos atrás, quando os intelectuais foram assassinados juntamente com a empregada, a filha dela e várias outras pessoas? Isso também é bastante esclarecedor. O governo dos Estados Unidos trabalhou diligentemente para suprimir a evidência esmagadora de que os assassinos foram unidades militares de elite treinadas nos Estados Unidos, que haviam colecionado um registro chocante de atrocidades, praticamente as mesmas mãos que haviam silenciado outra "voz a favor dos que não têm voz", o arcebispo Romero, dez anos antes. Podemos ter certeza de que o vigésimo aniversário de seu assassinato, no próximo mês de março, passará praticamente sem ser mencionado [adicionado na revisão do livro: a predição foi confirmada]. Fatos foram suprimidos; a principal testemunha ocular, uma pobre mulher, foi induzida a retirar seu testemunho, depois de intimidada. A autoridade que organizou a supressão e a intimidação foi o embaixador dos Estados Unidos, William Walker, muito admirado atualmente por sua heróica denúncia dos crimes sérvios em Kosovo, antes do bombardeio da OTAN – terrível, sem dúvida, porém nem sequer uma diminuta fração do que aconteceu quando ele foi procônsul salvadorenho. A imprensa aderiu às diretrizes do partido, com raras exceções.

Poucos meses depois de os intelectuais jesuítas serem assassinados, houve outro evento revelador. Vaclav Havel veio aos Estados Unidos e discursou em uma sessão conjunta do Congresso, em que foi longamente aplaudido pelo elogio que fez a seus ouvintes como "defensores da liberdade". A imprensa e os intelectuais em geral reagiram com reverência e êxtase. "Vivemos em uma era romântica", escreveu Anthony Lewis no *New York Times*, no extremo da dissidência tolerável. Outros comentaristas da esquerda liberal descreveram as observações de Havel como "evidência atordoante" de que o país de Havel é "uma fonte suprema" da "tradição intelectual européia", uma "voz da consciência", "que fala, com afinco, das responsabilidades que as grandes e pequenas potências têm umas para com as outras" – Estados Unidos e El Salvador, por exemplo. Outros perguntaram por que, nos Estados Unidos, não há intelectuais tão profundos, que "colocam a moralidade acima do interesse próprio", a exemplo de Havel.

Não é totalmente correto, portanto, dizer que os intelectuais jesuítas foram duplamente assassinados. Eles foram triplamente assassinados.

Poderíamos imaginar a reação se a situação fosse invertida. Suponhamos que, em novembro de 1989, comandos tchecos, donos de um horrível histórico de massacres e atrocidades, armados pela Rússia e recém-chegados de prolongado treinamento russo, tivessem assassinado brutalmente Havel e meia dúzia de outros intelectuais tchecos. Suponhamos que, logo depois, um intelectual salvadorenho mundialmente famoso tivesse ido à Rússia e se dirigido à Duma, elogiando os líderes russos como "defensores da liberdade", e recebesse uma aclamação estrondosa, que encontrasse um eco apaixonado na classe intelectual russa, e jamais mencionando a responsabilidade dela pelo assassinato de seus colegas na Tchecoslováquia. Não podemos completar a analogia sem mencionar as dezenas de milhares de outras vítimas dos mesmos "defensores da liberdade" apenas nesse miserável país, muitas no decurso da mesma agitação durante a qual os intelectuais foram assassinados.

Não precisamos perder tempo imaginando a reação. Se preferirmos, poderemos comparar os eventos imaginados com eventos reais, da época e de agora, aprendendo novamente valiosas lições sobre nós.

De modo coerente com a prática histórica, intelectuais que louvam o poder ocidental e ignoram os crimes ocidentais são muito reverenciados no Ocidente. Houve alguns exemplos interessantes disso há alguns meses, quando foi necessário encontrar meios para justificar o bombardeio da OTAN na Iugoslávia. Essa não foi uma tarefa fácil, uma vez que a decisão de bombardear levou a uma grande escalada de atrocidades e ao início de uma limpeza étnica em grande escala, como já era previsto – uma conseqüência "inteiramente previsível", conforme o Comandante da OTAN, general Wesley Clark, informou à imprensa quando o bombardeio começou. O principal periódico intelectual dos Estados Unidos recorreu a Vaclav Havel, que novamente esbanjou elogios diante de seu público, evitando escrupulosamente qualquer evidência, enquanto declarava que os líderes do Ocidente haviam inaugurado uma nova era na história humana, lutando por "princípios e valores", pela primeira vez na história. A reação foi, novamente, de reverência por sua profundidade e percepção.

Outro dissidente russo, chamado Alexander Solzhenitsyn, também tinha algo a dizer sobre o bombardeio. Em suas palavras:

> os agressores puseram a ONU de lado, iniciando uma nova era na qual quem tem o poder tem razão. Não deveria haver ilusões de que a OTAN visasse à defesa dos kosovares. Se a proteção dos oprimidos fosse sua verdadeira preocupação, ela poderia ter defendido, por exemplo, os curdos que vivem na miséria.

"Por exemplo", porque esse é apenas um caso, embora bastante notável. Solzhenitsyn suavizou muito o caso. Ele não acrescentou o fato crucial de que a limpeza étnica dos curdos e outras atrocidades, que excederam vastamente qualquer coisa atribuída a Milosevic em Kosovo, não foram negligenciadas pelos humanistas ocidentais. Ao contrário, eles fizeram a escolha deliberada de participar ativamente. Os crimes foram perpetrados principalmente com armas dos Estados Unidos, chegando a 80% do arsenal da Turquia. Armas eram despachadas em quantidades enormes, chegando ao pique em 1997, juntamente com treinamento militar, apoio diplomático e a formidável dádiva do silêncio, oferecida pelas classes intelectuais. Pouco foi relatado na mídia ou em jornais de opinião.

Solzhenitsyn também foi "silenciado sem nenhuma proibição oficial", para usar a frase de Orwell. Conforme se observou, a resposta a Havel foi bastante diferente. A comparação ilustra mais uma vez o princípio notório: para obter a aprovação do clero secular, demonstrar um adequado respeito pelo poder ajuda muito.

A supressão do papel dos Estados Unidos e seus aliados no ataque aos curdos não foi uma conquista desprezível, particularmente considerando que a Turquia tomou parte no bombardeio da Iugoslávia, usando os mesmos F-16 fornecidos pelos Estados Unidos, os quais ela havia usado, de maneira tão eficaz, para a destruição de aldeias curdas. Uma disciplina considerável também foi necessária para que "não se notassem" as atrocidades dentro da OTAN por ocasião da comemoração do aniversário desta em Washington, em abril de 1999. Realizado sob a sombra melancólica da limpeza étnica que foi a conseqüência (prevista) do bombardeio da OTAN na Iugoslávia, o aniversário não foi um evento feliz. Tais atrocidades não podem ser toleradas bem nas fronteiras da OTAN, todos declararam com eloqüência. Apenas *dentro* das fronteiras da OTAN, onde elas não apenas devem ser toleradas, como também decretadas, quase 3.500 aldeias foram destruídas (Kosovo esteve sete vezes sob bombardeio da OTAN), entre dois e três milhões de refugiados foram forçados a abandonar suas casas e dezenas de milhares foram mortos, com a ajuda dos líderes elogiados por sua abnegada dedicação a "princípios e valores". Nem a imprensa nem ninguém teceu comentários sobre essa impressionante performance. Isso se repetiu nos últimos dias, quando Clinton visitou a Turquia. "Um incansável apregoador das sociedades pluralistas", observou a imprensa, "Clinton tem reuniões destinadas a encontrar um acordo entre grupos étnicos mutuamente incapazes de se tolerar." Ele foi elogiado por sua visita do tipo "eu-sinto-a-dor-de-vocês", feita ao local onde ocorrera um terremoto na Turquia. Particularmente notável foi a demonstração de "charme de Clinton", quando ele viu um bebê na multidão que o aclamava e, então, "levantou o bebê cuidadosamente dos braços da mãe e o segurou junto de si por quase um minuto", enquanto o bebê "ficou pasmado, olhando profundamente para os olhos do estranho" (*Boston Globe, New York Times*). A desagradável palavra "curdo" nunca apareceu nesses relatos do charme de Clinton, embora tenha efetivamente aparecido na matéria do *Washington Post*, na qual se informava que Clinton "repreendeu gentilmente" a Turquia pelo seu histórico de violação de direitos humanos e até "cutucou cuidadosamente os turcos com respeito ao tratamento dos curdos, uma minoria étnica que buscava a autonomia e freqüentemente sofria discriminação na Turquia". O que não se mencionou foi a natureza da "discriminação" que eles sofriam, enquanto Clinton estava ali sentindo a dor deles.

Há muito mais a ser dito sobre o décimo aniversário do assassinato dos intelectuais jesuítas, sobre o próximo vigésimo aniversário do assassinato do arcebispo* e sobre a chacina de várias centenas de milhares de pessoas na América Central à época (na maior parte das vezes, pelas mesmas mãos), cuja responsabilidade re-

---

* Dom Oscar Romero. (N. do R.)

monta aos centros de poder dos autoproclamados "estados esclarecidos". Também há muito mais a dizer sobre a atuação do clero secular ao longo desses anos terríveis e até hoje. O histórico foi revisto com alguns pormenores em publicações impressas, experimentando o destino comum das "idéias impopulares". Talvez haja pouca vantagem em revê-lo novamente, além do que o tempo é curto. Assim, permitam-me voltar ao segundo aniversário: a queda do Muro de Berlim.

Este também é um tema rico, um assunto que recebeu muita atenção no décimo aniversário, diferentemente da destruição da América Central pelo terror dos Estados Unidos. Vamos considerar algumas conseqüências do colapso do calabouço soviético, às quais não se deu quase atenção – no Ocidente, não entre as vítimas tradicionais.

Uma das conseqüências do colapso da URSS foi o fim do não-alinhamento. Quando duas superpotências governavam o mundo – uma global e outra regional –, havia certo espaço para o não-alinhamento. Este desapareceu junto com a superpotência regional. As organizações das potências não-alinhadas ainda existem; ramos da organização das Nações Unidas que refletem seus interesses ainda sobrevivem em certa medida, embora marginalmente. Para os vitoriosos, porém, há ainda menos necessidade que antes, de prestar muita atenção às preocupações do Sul. Um sinal disso é o rápido declínio da assistência a outros países, desde o colapso da União Soviética. O declínio foi mais extremo no país mais rico do mundo. A assistência dos Estados Unidos aos países praticamente desapareceu e raramente chega a ser visível, se desconsiderarmos sua maior parcela, que vai para um rico Estado-cliente ocidental, que também é um posto estratégico avançado. Existem muitos outros exemplos.

O declínio da assistência é comumente atribuído à "fadiga do doador". Mesmo sem considerar o *timing*, é difícil ficar impressionado com a "fadiga" referente a somas triviais, destinadas, em sua maior parte, a promover exportações. O termo "assistência" deveria ser outro símbolo de vergonha para os ricos e privilegiados. "Reparações altamente inadequadas" seria um termo mais apropriado, à luz de acontecimentos históricos que dificilmente podem ser considerados obscuros. Os vencedores, contudo, não oferecem reparações, assim como não enfrentam investigações de crimes de guerra e nem sequer acham necessário pedir desculpas, para além do mais caloroso reconhecimento dos "erros" passados.

A questão é mais bem entendida no Sul. O primeiro-ministro Mahathir, da Malásia, comentou recentemente que,

> paradoxalmente, a maior catástrofe para nós, que sempre fomos anticomunistas, foi a derrota do comunismo. O fim da Guerra Fria privou-nos do único poder de influência que tínhamos – a opção de desertar. Agora não temos a quem recorrer.

Isso não é um paradoxo, mas a expressão natural dos verdadeiros "princípios e valores" que norteiam as políticas. O tópico é de extrema importância para a grande maioria das pessoas do mundo, mas é pouco discutido nos setores de privilégio e poder do Ocidente industrializado.

Vamos voltar a outra conseqüência do colapso da União Soviética, conseqüência esta que não é de pequena monta.

De acordo com padrões comparativos, os Estados Unidos são uma sociedade extraordinariamente livre e merecem crédito por isso. Um dos elementos dessa liberdade é o acesso a documentos secretos de planejamento. A abertura em si não tem muita importância: a imprensa, e os intelectuais em geral, normalmente aderem ao "acordo tácito geral" de que "não adiantaria mencionar" o que eles revelam. Todavia a informação está lá, para aqueles que optarem por saber. Mencionarei alguns exemplos recentes para dar cor aos fatos mencionados.

Logo depois da queda do Muro de Berlim, a estratégia global dos Estados Unidos mudou de um modo instrutivo. É chamada de "estratégia da dissuasão", porque os Estados Unidos apenas "dissuadem" os outros, nunca atacam. Este é um exemplo de outro universal histórico (ou quase isso): em um conflito militar, cada lado luta em sua própria defesa, sendo que é uma tarefa importante do clero secular, dos dois lados, manter hasteada essa bandeira vigorosamente.

No final da Guerra Fria, a "estratégia da intimidação" mudou da Rússia para o Sul, para as antigas colônias. A mudança recebeu imediata expressão formal, através da mensagem para o Congresso sobre o orçamento anual da Casa Branca, em março de 1990. O elemento mais importante no orçamento, totalizando regularmente cerca de metade do gasto discricionário, é o orçamento militar. A esse respeito, as requisições de março de 1990 eram quase as mesmas dos anos precedentes, exceto pelos pretextos. Precisamos de um enorme orçamento militar, explicou o Executivo, mas não porque os russos estejam chegando. Em vez disso, é a "sofisticação tecnológica" dos países do terceiro mundo que requer enormes gastos militares, enormes vendas de armas para nossos gângsteres favoritos e operação de intervenção destinadas principalmente ao Oriente Médio, pois "as ameaças aos nossos interesses (…) não poderiam ser atribuídas ao Kremlin" – disso foi informado o

Congresso, contrariamente a décadas de invencionice, agora enterradas.

Tampouco poderiam "as ameaças aos nossos interesses" ser atribuídas ao Iraque. Saddam era então um aliado. Seus únicos crimes eram o ataque aos curdos com gases tóxicos, a tortura de dissidentes, o genocídio, entre outros detalhes secundários. Como amigo e valioso parceiro comercial, ele recebeu assistência em sua busca por armas de destruição em massa, entre outras atividades. Ele ainda não havia cometido o crime que o transformou imediatamente, de amigo predileto, em reencarnação de Hitler: desobedecer ordens (ou talvez entendê-las mal). Aqui tocamos em alguma outra coisa que "não adiantaria mencionar". Todo ano, quando chega a época de renovar o regime de duras sanções que está devastando o povo do Iraque, ao mesmo tempo que fortalece seu brutal ditador, os líderes ocidentais fazem pronunciamentos eloqüentes sobre a necessidade de conter esse monstro que cometeu o último dos crimes: não somente desenvolveu armas de destruição em massa, como até as usou contra seu próprio povo! Tudo é verdade quanto a isso. E se tornaria totalmente verdadeiro se as palavras que estão faltando fossem acrescentadas: ele cometeu esse crime chocante "com nossa ajuda e aprovação tácita, e apoio continuado". Será em vão esperar por esse pequeno adendo.

Voltando à solicitação de um enorme orçamento, feita em março de 1990, outra razão foi a necessidade de manter as "bases industriais da defesa", um eufemismo para indústria de alta tecnologia. A retórica entusiástica sobre os milagres do mercado procura ocultar o fato de que os setores dinâmicos da economia dependem pesadamente do vasto setor estatal, que serve para socializar custo e risco, enquanto privatiza o lucro – outra generalização bem apoiada sobre a sociedade industrial, que remonta à revolução industrial britânica. Nos Estados Unidos, desde a Segunda Guerra Mundial, essas funções foram preenchidas, em grande medida, com a cobertura do Pentágono, embora, de fato, o papel das forças militares no desenvolvimento econômico remonte aos primeiros dias da revolução industrial, não apenas nos Estados Unidos, fatos esses bem conhecidos pelos historiadores da economia.

Em resumo, a queda do Muro de Berlim deu origem a uma importante mudança retórica e à admissão tácita de que os pretextos dos primeiros tempos haviam sido fraudulentos. Algum dia, poderá até ser possível encarar o fato de que, caso a caso, os fatores da Guerra Fria alegados como justificativa para diversos crimes normalmente vão por água abaixo quando investigados: embora nunca inteiramente ausente, o conflito das superpotências nunca teve a importância comumente proclamada. Mas esse tempo ainda não chegou. Quando tais questões são trazidas à baila fora das fileiras do clero secular, os "arrogantes" são ignorados ou, quando notados, são instruídos para prestarem atenção em suas maneiras e ridicularizados por repetirem "clichês velhos e batidos" – que foram regularmente suprimidos, e ainda são.

Até aqui, citei documentos públicos. Entretanto, visto que pouco foi relatado, as informações são restritas a pequenos círculos, em sua maioria círculos dissidentes. Vamos passar em seguida aos arquivos secretos do planejamento de elite na era pós-Guerra Fria.

Documentos revelados do Pentágono descrevem o velho inimigo, a Rússia, como um "ambiente rico em armas". O novo inimigo, em contraposição, é um "ambiente rico em alvos". O Sul, com sua espantosa "sofisticação tecnológica", tem muitos alvos, porém não muitas armas, embora estejamos ajudando a superar essa insuficiência com maciças transferências de armas. Esse fato não foi ignorado pela indústria militar. Assim, a empresa Lockheed-Martin reivindica mais subsídios públicos para a venda de seus aviões de combate F-16, ao mesmo tempo que também adverte que centenas de bilhões de dólares são necessários ao desenvolvimento de aviões de combate mais avançados, os F-22, para nos proteger dos aviões de combate F-16 que estamos fornecendo para "Estados delinqüentes" em potencial (apesar das objeções de 95% do público).

Ter o Sul como alvo exige certas estratégias. Uma delas é um "planejamento adaptativo" que permita uma ação rápida contra países pequenos: por exemplo, a destruição de metade dos suprimentos farmacêuticos em um país pobre da África, em 1988, matando provavelmente dezenas de milhares de pessoas, embora nunca venhamos a saber, porque não haverá investigação. Um tênue esforço da ONU para iniciar uma investigação foi bloqueado por Washington, e, se investigações estão sendo realizadas no Ocidente, elas não atingiram o domínio público geral. Existem boas razões para ignorar o tema: o bombardeio não foi, por definição, um crime. O agente é poderoso demais para cometer crimes; ele conduz apenas "missões nobres" em defesa própria, embora às vezes falhe por causa de mau planejamento, equívoco ou falta de vontade do público para "assumir o fardo da liderança do mundo".

Ao lado do "planejamento adaptativo", a inovação tecnológica é necessária, explica o Pentágono: por exemplo, "miniarmas nucleares" destinadas ao uso contra inimigos fracos e indefesos do Sul rico em alvos.

Descobrimos mais, a partir de um importante estudo, de 1995, do Comando Estratégico dos Estados Unidos (STRATCOM), parcialmente revelado em 1998. Esse estudo, intitulado "Essentials of Post-Cold War Deterrence" [Elementos Essenciais da Dissuasão no Pós-Guerra Fria], faz uma revisão das "conclusões de vários anos do pensamento sobre o papel das armas nucleares na era pós-Guerra Fria". A conclusão fundamental do estudo é a de que as armas nucleares devem continuar sendo a base para a política. Os Estados Unidos, portanto, devem ignorar os dispositivos essenciais do tratado de não-proliferação (TNP) – o qual demanda esforços de boa-fé em prol da eliminação de armas nucleares – e rejeitar firmemente qualquer proibição de ser o primeiro a atacar. O recurso dos Estados Unidos a armas nucleares pode ser ou uma resposta a alguma ação de que Washington não goste ou então uma medida "preventiva". A opção de atacar primeiro, contrariamente às convenções internacionais, deve incluir a opção de atacar Estados não-nucleares que tenham assinado o TNP.

Dois anos antes, em novembro de 1997, o presidente Clinton aprovou formalmente essas recomendações na *Presidential Decision Directive** n°. 60 (PDD 60), altamente confidencial, porém divulgada seletivamente. A diretriz autorizou o primeiro uso de armas nucleares e mantém a tríade de lançamento de armas nucleares – Mísseis Balísticos Intercontinentais (ICBMs), Mísseis Balísticos Lançados de Submarinos (SLBMs) e bombardeiros de longa distância. Essas devem permanecer em "posição de prontidão-de-lançamento", perpetuando o regime de estado de alerta maior dos últimos anos, com sua eterna ameaça à sobrevivência. Novos programas foram lançados para implementar essas decisões, entre eles o uso de reatores nucleares civis para produzir trício

---

* "Diretriz Decisória Presidencial". (N. do R.)

para armas nucleares, violando as barreiras entre os usos civil e militar do poder nuclear, que o TNP procurou estabelecer. O planejado sistema *National Missile Defense**, derrogando o Tratado de Mísseis Antibalísticos, tem probabilidade de estimular o desenvolvimento de armas de destruição em massa por adversários potenciais, que verão o sistema como uma arma de primeiro ataque, aumentando assim a ameaça de guerra nuclear acidental, como muitos analistas estratégicos têm argumentado de modo plausível.

O estudo do STRATCOM enfatiza a necessidade de *credibilidade*: os adversários devem ser amedrontados, mesmo os potenciais. Qualquer "Don" da Máfia pode explicar esse ponto. Recordemos que "manter a credibilidade" foi o único argumento sério apresentado por Clinton, Blair e seus aliados para bombardearem a Iugoslávia, embora o clero secular tenha preferido uma história diferente, invocando a limpeza étnica, bem como outras atrocidades que não podem ser encontradas nos minuciosos relatórios produzidos pelo Departamento de Estado, pela OTAN e outras fontes ocidentais – as quais, curiosamente, têm sido largamente ignoradas na extensa literatura de justificação da guerra da OTAN. Um exemplo bastante típico da versão preferida, extraído do *International Herald Tribune/ Washington Post*, é a alegação de que a "Sérvia atacou Kosovo para esmagar um movimento de guerrilha separatista da Albânia, entretanto matou dez mil civis e levou setecentas mil pessoas a se refugiarem na Macedônia e Albânia. A OTAN realizou ataques aéreos na Sérvia sob pretexto de proteger os albaneses da limpeza étnica [porém]

---

* "Sistema Nacional de Defesa Contra Mísseis", conhecido também pela sigla NMD. (N. do R.)

matou centenas de civis sérvios e provocou um êxodo de dezenas de milhares de pessoas das cidades para as zonas rurais". Crucial e indiscutivelmente, a ordem dos eventos foi o contrário, mas a verdade é mais difícil de ser colocada em conformidade com os "princípios e valores" que fornecem uma auto-imagem mais reconfortante.

Armas nucleares melhoram a credibilidade, explica o STRATCOM, porque "sempre lançam uma sombra sobre qualquer crise ou conflito". São preferíveis às armas de destruição em massa dos fracos, porque, "ao contrário das armas químicas ou biológicas, a destruição extrema de uma explosão nuclear é imediata, com poucos (se é que existem) paliativos para reduzir seus efeitos". A "manifestação de dissuasão" com base em armas nucleares, da parte de Washington, deve ser "convincente" e "imediatamente discernível". Além disso, os Estados Unidos devem "manter a ambigüidade". É importante que os "planejadores não sejam muito racionais com respeito à avaliação (…) daquilo que o oponente mais valoriza", sendo que tudo deve ser um objeto potencial para a destruição. O "caráter nacional que projetamos" deve ser "que os Estados Unidos podem se tornar irracionais e vingativos caso seus interesses vitais sejam atacados". É "benéfico" para nossa postura estratégica que "alguns elementos possam parecer potencialmente 'fora de controle'".

Resumindo, o mundo deve reconhecer que somos perigosos, imprevisíveis e prontos para atacar severamente o que os adversários mais valorizam, usando armas de imensa força destrutiva em ataques preventivos, se acharmos adequado. Então, eles se curvarão à nossa vontade, temendo convenientemente nossa credibilidade.

Esse é o impulso geral do atual planejamento estratégico de elite, na medida do que foi liberado para o público. Em grande medida, esses planos também permanecem como antes, todavia com uma mudança fundamental depois do colapso da superpotência inimiga. Agora "um constrangimento importante está ausente", observa o STRATCOM: a dissuasão soviética. Grande parte do mundo está bem consciente disso, como foi revelado, por exemplo, durante a guerra da OTAN nos Bálcãs. Os intelectuais do Ocidente geralmente a retratavam à maneira de Vaclav Havel: um ato de pura nobreza sem precedentes históricos. Alhures, a guerra era comumente percebida como Solzhenitsyn a descreveu, mesmo em Estados-clientes dos Estados Unidos. Em Israel, comentaristas militares descreveram os líderes da OTAN como "um perigo para o mundo", alegando que retrocediam às práticas da era colonial, sob o cínico disfarce de "retidão moral", e advertindo que essas práticas levariam à proliferação de armas de destruição em massa e ao surgimento de novas alianças estratégicas para contra-atacar a superpotência, que é vista praticamente como o STRATCOM recomenda: como "fora de controle". Nos Estados Unidos, analistas estratégicos da linha dura expressaram preocupações semelhantes.

Uma superpotência que domina o mundo e está "fora de controle" tem uma considerável liberdade para agir, a menos que seja restringida por sua própria população. Uma tarefa importante para o clero secular é reduzir essas restrições internas. É necessário um foco preciso nos crimes dos atuais inimigos, evitando aqueles que poderíamos mitigar ou eliminar através de meios simples, tais como a não-participação. Os princípios norteadores são bem ilustrados pela literatura recente sobre "intervenção humanitária", gênero que está em pleno florescimento. Será necessário procurar com afinco, se quisermos encontrar uma referência à contribuição decisiva dos Estados Unidos e seus aliados para atrocidades e limpeza étnica: dentro da própria OTAN, ou na Colômbia, ou no Timor Leste, ou no Líbano, ou em todos os outros muitos cantos do mundo onde as pessoas vivem na miséria e subjugadas.

O plano para manter o público desinformado, passivo e obediente remonta a um tempo longínquo na história, mas toma novas formas constantemente. Isso é particularmente verdade quando o povo atinge certo grau de liberdade, deixando de ser facilmente subjugado por meio de ameaças ou do exercício da violência. A Inglaterra e os Estados Unidos são exemplos principais do século passado. Durante a Primeira Guerra Mundial, ambas as democracias líderes montaram agências de propaganda do Estado, altamente eficazes. O objetivo do Ministério da Informação britânico era "controlar o pensamento do mundo", particularmente o pensamento dos intelectuais americanos, que poderiam servir de instrumento – como era logicamente esperado – para levar os Estados Unidos a entrarem na guerra. Para ajudar a atingir essa meta, o presidente Woodrow Wilson criou a primeira agência de propaganda oficial, chamada Comitê de Informação Pública – o qual, obviamente, traduz-se como "desinformação pública". Dirigido por importantes intelectuais progressistas, tem por tarefa transformar uma população pacifista em jingoístas histéricos e entusiastas da guerra contra os selvagens hunos. Esses esforços tiveram enorme sucesso, entre os quais estão falsificações escandalosas, que foram desmascaradas muito tempo depois de eles terem feito seu trabalho e muitas vezes persistem até depois do desmascaramento.

Os sucessos impressionaram muito um grande número de observadores, entre os quais Adolf Hitler, que percebeu que a Alemanha havia perdido a guerra por causa da superioridade da propaganda anglo-americana e jurou que, da próxima vez, a Alemanha estaria pronta para a batalha da propaganda. Profundamente impressionada também ficou a comunidade empresarial americana, que percebeu o potencial da propaganda para a formação de atitudes e crenças. As grandes indústrias de relações públicas (RP), publicidade e cultura de massa, em parte, são resultado dessa percepção, um fenômeno de enorme importância nos anos subseqüentes. A confiança no sucesso da propaganda de tempo de guerra foi totalmente consciente. Um dos fundadores da indústria de RP, Edward Bernays, observou, em seu manual *Propaganda*, que "foi o sucesso assombroso da propaganda durante a guerra que abriu os olhos dos poucos inteligentes, em todos os setores da vida, para as possibilidades de arregimentar a mente pública". Eminente liberal da linha Wilson-Roosevelt-Kennedy, Bernays estava inferindo a partir de suas experiências como membro da agência de propaganda de Wilson.

Um terceiro grupo que ficou impressionado com os sucessos da propaganda foi o clero secular dos intelectuais de elite, os "homens responsáveis", como eles denominavam a si mesmos. Esses mecanismos de arregimentação de mentes são "uma nova arte na prática da democracia", observou Walter Lippman. Ele também havia sido membro da agência de propaganda de Wilson e progrediu até se transformar na mais eminente figura do século no jornalismo americano, bem como um dos mais respeitados e influentes comentaristas de assuntos públicos.

O mundo dos negócios e os intelectuais de elite estavam preocupados com o mesmo problema. "A burguesia tinha medo das pessoas comuns", Bernays observou. Como resultado do "sufrágio universal e da educação universal, (…) as massas prometiam se tornar rei", uma tendência perigosa, que poderia ser controlada e revertida por meio de novos métodos "para moldar a mente das massas", advertiu Bernays.

A mesma ameaça estava surgindo na Inglaterra. Nos primeiros anos, a democracia formal havia sido um assunto limitado, mas, no início do século XX, os trabalhadores puderam entrar para a arena política através do Partido Trabalhista e das organizações trabalhistas que podiam influenciar as escolhas políticas. Nos Estados Unidos, a classe dos trabalhadores tinha sido esmagada com considerável violência, todavia o sufrágio estava se estendendo e tornava-se mais difícil manter o princípio segundo o qual o país havia sido fundado: que o governo deve "proteger a minoria dos opulentos contra a maioria", conforme palavras de James Madison, o mais importante dos idealizadores da Constituição, que foi instituída para "garantir os interesses permanentes do país contra a inovação", sendo esses "interesses permanentes", segundo Madison, os direitos de propriedade. E advertia ainda que "não se pode esperar que os sem propriedade, ou sem esperança de adquiri-la, simpatizem suficientemente com esses direitos". O público em geral deve, portanto, ser fragmentado e marginalizado, enquanto o governo deve ficar nas mãos dos "ricos da nação", "a classe de homens mais capazes", aos quais se pode confiar a salvaguarda "dos interesses permanentes". "As pessoas que possuem o país devem governá-lo", conforme o princípio formulado pelo colega de Madison, John Jay, presidente da Assembléia Constituinte e primeiro Juiz-Presidente da Suprema Corte.

Esses arranjos enfrentam constantes desafios. Perto da década de 20, eles estavam se tornando sérios. O Partido Conservador Britânico reconheceu que a ameaça da democracia poderia ser contida "aplicando-se as lições" da propaganda de guerra "à organização da guerra política".

Na variante americana, Lippman pedia "a fabricação do consentimento", para habilitar a "minoria inteligente" dos "homens responsáveis" a estabelecer a política. "O público deve ser posto em seu lugar", ele frisava, de modo que os homens responsáveis sejam protegidos contra "o tropel e o bramido de um rebanho desnorteado". O público em geral é constituído de "estranhos e ignorantes intrometidos", cujo papel na democracia é o de "espectadores", não de "participantes". Eles têm o direito de emprestar seu peso para um dos homens responsáveis, periodicamente – o que é chamado de "eleição" –, porém, depois, devem voltar a suas buscas individuais.

Esta é uma boa doutrina wilsoniana, um elemento do "idealismo wilsoniano". A opinião pessoal de Wilson era a de que uma elite de cavalheiros com "ideais elevados" deve preservar "a estabilidade e a retidão". Também é uma boa doutrina leninista; a comparação vale a pena, mas vou prosseguir no tema do clero secular das democracias ocidentais. Essas idéias têm raízes profundas na história americana e na história britânica, que remontam à primeira revolução democrática do século XVII, que também amedrontou "os homens da melhor qualidade", como eles se autodesignavam.

No período posterior à Segunda Guerra Mundial, as questões eram tratadas também pela *intelligentsia* acadêmica. A *Encyclopaedia of Social Sciences* [Enciclopédia das Ciências Sociais] continha, em 1933, um artigo sobre "propaganda", escrito por um dos fundadores da ciência política moderna, Harold Lasswell. Ele advertia que a minoria inteligente deve reconhecer a "ignorância e estupidez das massas" e não sucumbir aos "dogmatismos democráticos a respeito de os homens serem os melhores juízes de seus próprios interesses". Eles não são; nós, "homens responsáveis", somos os melhores juízes. Para seu próprio benefício, as massas ignorantes e estúpidas devem ser controladas. Em sociedades mais democráticas, onde a força é indisponível, administradores sociais devem, portanto, mudar para "uma técnica de controle totalmente nova, que faz amplo uso da propaganda".

Edward Bernays explicou em seu manual *Propaganda*, em 1925, que as "minorias inteligentes" devem "arregimentar a mente pública exatamente como um exército arregimenta o corpo de seus soldados". A tarefa das minorias inteligentes, principalmente líderes empresariais, é "a manipulação consciente e inteligente dos hábitos e opiniões organizados das massas". Esse processo de "criação de consentimento" é a própria "essência do processo democrático", como escreveu Bernays, pouco antes de ser homenageado por suas contribuições pela *American Psychological Association*, em 1949. Boa parte da psicologia aplicada e da industrial modernas desenvolveu-se dentro dessa estrutura geral. O próprio Bernays ganhou fama por meio de uma campanha de propaganda que induziu as mulheres a fumar cigarros, e, poucos anos depois de receber seu prêmio, confirmou seus métodos, administrando o componente propagandístico da destruição da democracia guatemalteca, a qual estabeleceu o regime de terror que torturou e massacrou durante quarenta anos. "Hábitos e opiniões" devem ser "manipulados de modo inteligente".

A manipulação da opinião é de responsabilidade da mídia, dos jornais, das escolas, universidades e classes educadas de modo geral. A tarefa da manipulação de hábitos e atitudes cabe às artes populares, à publicidade e à enorme indústria das relações públicas. Seu objetivo, escrevem líderes empresariais, é "anular os costumes das épocas". Um dos métodos é criar desejos artificiais, necessidades imaginárias – um dispositivo reconhecido como técnica eficaz de controle, desde o início da revolução industrial e bem depois do fim da escravidão. Tornou-se uma indústria importante na década de 20 e atingiu novos graus de sofisticação em anos recentes. Manuais explicam que a indústria deveria procurar impor uma "filosofia da futilidade" e "falta de objetivo na vida". Deveria encontrar meios de "concentrar a atenção humana nas coisas mais superficiais, que abrangem grande parte do consumo de moda". As pessoas podem, então, aceitar e até receber bem sua vida sem sentido e subordinada; e esquecer idéias ridículas sobre o gerenciamento de seus próprios assuntos. Elas deixarão seu destino nas mãos dos homens responsáveis, as minorias inteligentes, o clero secular que serve e administra o poder – o qual, obviamente, repousa em outro lugar (uma premissa oculta, porém crucial).

No mundo moderno, o poder está concentrado em alguns Estados poderosos e nas tiranias privadas que estão intimamente ligadas a eles – tornando-se suas "ferramentas e tiranos", como Madison advertiu há muito tempo. As tiranias privadas são as grandes empresas que dominam a vida econômica, social e política. Em sua organização interna, essas instituições aproximam-se do ideal totalitário quase tão intimamente quanto qualquer uma que os seres humanos tenham criado. Suas origens intelectuais encontram-se, em parte, nas doutrinas neo-hegelianas sobre os direitos de entidades supra-humanas orgânicas, doutrinas que também estão subjacentes às outras formas importantes de totalitarismo moderno, o bolchevismo e o fascismo. A transformação dos Estados Unidos em uma grande corporação foi duramente atacada pelos conservadores – categoria que agora raramente existe – como uma volta ao feudalismo e uma "forma de comunismo", o que não é de modo algum fantasioso.

Até a década de 30, a discussão desses assuntos era muito intensa na corrente dominante do debate público. As questões têm sido amplamente eliminadas da mente pública pela investida da propaganda corporativa depois da Segunda Guerra Mundial. A campanha foi uma reação ao rápido crescimento dos compromissos social-democratas – e outros mais radicais – durante a depressão e os anos de guerra. As publicações de negócios advertiam sobre "o perigo com que se defrontavam os industriais, em decorrência do crescente poder político das massas". Em oposição à ameaça, foram realizados esforços em grande escala para "doutrinar os cidadãos com a história capitalista" até "eles serem capazes de repetir a história com notável fidelidade", segundo a terminologia dos líderes empresariais, que se dedicaram, com renovado vigor, à "perpétua batalha pela mente dos homens". O ataque da propaganda foi enorme, um capítulo importante na história da fabricação do consentimento. Existe uma literatura acadêmica muito boa sobre esse tema, que as vítimas não conhecem.

Esses eram os métodos de escolha dentro das sociedades ricas e privilegiadas. Fora destas, como já foi discutido, medidas mais diretas estiveram disponíveis, com custos terríveis para a humanidade. Elas foram aplicadas a partir dos últimos dias da Segunda Guerra Mundial, para solapar e destruir a resistência antifascista e restaurar a ordem tradicional, que havia sido desacreditada, em grande parte por sua associação com o fascismo. Então, foram adaptadas para garantir que a descolonização não ficasse fora de controle.

A agitação da década de 60 despertou temores semelhantes em círculos respeitáveis. Talvez sua expressão mais clara esteja na primeira publicação importante da Comissão Trilateral, um grupo constituído em grande parte por internacionalistas liberais dos três maiores centros industriais: Europa, Japão e Estados Unidos. O governo de Carter foi montado, em grande medida, com membros dessa comissão, inclusive o próprio presidente e todos os seus principais assessores. A primeira publicação da Comissão foi dedicada à "crise da democracia", que havia surgido nas regiões trilaterais. A crise consistia no fato de que, na década de 60, grandes partes da população, que são normalmente passivas e apáticas, procuraram formular seus interesses e preocupações de modo organizado para entrar na arena política e promovê-los: mulheres, minorias, jovens, idosos etc. – de fato, praticamente toda a população. Seus "interesses especiais" devem ser distinguidos do "interesse nacional", um termo de Orwell que, na prática, se refere aos "interesses permanentes" da "minoria dos opulentos".

Os ingênuos podem considerar essas manifestações um passo em direção à democracia, todavia os mais sofisticados entendem que elas são um "excesso de democracia", uma crise que deve ser superada mandando o "rebanho desordenado" de volta para seu lugar adequado: o de espectadores, não participantes da ação. O relator americano da Comissão, um eminente cientista político da Universidade de Harvard, descreveu em tom nostálgico o mundo do passado, quando Harry Truman "tinha sido capaz de governar o país com a cooperação de um número relativamente pequeno de advogados e banqueiros de Wall Street", um estado feliz que poderia ser recuperado se a "moderação na democracia" puder ser restaurada.

A crise provocou um novo ataque à democracia por meio de decisões políticas, propaganda e outros métodos de controle de crenças, costumes e atitudes. Paralelamente, opções de ação pública foram nitidamente restringidas sob o regime do "neoliberalismo" – termo dúbio, pois as políticas não são "novas", nem "liberais", se temos em mente qualquer coisa que se assemelhe ao liberalismo clássico. O regime "neoliberal" solapa a soberania popular, transferindo o poder decisório dos governos nacionais para um "parlamento virtual" de investidores e credores, organizados principalmente em instituições corporativas. Esse parlamento virtual pode brandir o "poder de veto" contra o planejamento governamental, por meio da fuga de capital e de ataques à moeda, graças à liberalização dos fluxos financeiros, que fez parte do desmantelamento do sistema de Bretton Woods, instituído em 1944. Isso nos traz ao período atual, levantando questões importantes que terão de ser postas de lado devido a restrições de tempo.

Os resultados e os métodos usados para trazê-las à tona deveriam ser classificados entre as conquistas mais importantes do poder e seus servidores no século XX. Elas também indicam o que poderemos encontrar pela frente – sempre com a condição crucial: se deixarmos (uma escolha, não uma necessidade).

REFERÊNCIAS PARA OS CAPÍTULOS 1-4

ABNEY, S. (1987). "The English Noun Phrase in its Sentential Aspect". Dissertação de PhD [doutorado], MIT.

AISSEN, J. e D. Perlmutter (1976). "Clause reduction in Spanish", em: *Proceedings of the Second Annual Meeting of the Berkeley Linguistic Society* 2:1-30.

BACH, E. (1971). "Questions", em: *Linguistic Inquiry* 2: 153-167.

BAKER, M. (1988), *Incorporation: A Theory of Grammatical Function Changing*. Chicago: Chicago University Press.

BARSS, A. (1986). "Chains and Anaphoric Dependence". Dissertação de PhD [doutorado], MIT.

BELLETI, A. (1988). "The case of unaccusatives", *in*: *Linguistic Inquiry* 19:1-34.

—— (1990). *Generalized Verb Movement*. Turim: Rosenberg & Sellier.

—— (1999). "Italian/Romance clitics: structure and derivation", *in*: H. van Riemsdijk (org.), *Clitics in the Languages of Europe*. Haia: Mouton de Gruyter, pp. 543-79.

—— (2001). "Inversion as focalization", *in*: A. Hulke e J.-Y. Pollock (orgs.), *Subject Inversion in Romance and the Theory of Universal Grammar*. Oxford e Nova York: Oxford University Press. pp. 60-90.

—— (org.) (em prep.). *Structures and Beyond: Current Issues in the Theory of Language*. Universidade de Siena.

BELLETI, A. e L. Rizzi (1988)."Psych-verbs and theta theory", *in*: *Natural Language and Linguistic Theory* 6: 291-352.

—— (1996). *Parameters and Functional Heads*. Oxford e Nova York: Oxford University Press.

BLOCK, N. (1990). "The computer model of the mind", *in*: D. N. Osherson e E. E. Smith (orgs.), *An Invitation to Cognitive Science* vol. 3, *Thinking*. Cambridge, MA: MIT Press.

BOBALJIK, J. (1995)."Morphosyntax: The Syntax of Verbal Inflection". Dissertação de PhD [doutorado], MIT.

BOBALJIK, J. D. e D. Jonas (1996)."Subject position and the roles of TP", *in*: *Linguistic Inquiry* 27.2: 195-236.

BORER, H. (1995). "The ups and downs of Hebrew verb movement", *in*: *Natural Language and Linguistic Theory* 13: 527-606.

BURZIO, L. (1986). *Italian Syntax: A Government-Binding Approach*. Dordrecht: Reidel.

CARDINALETTI, A. e M. Starke (1999)."The typology of structural deficiency: a case study of the three classes of pronouns", *in*: H. van Riemsdijk (org), *Clitics in the Languages of Europe*. Haia: Mouton de Gruyter, pp. 145-233.

CHOMSKY, N. (1955)."The Logical Structure of Linguistic Theory". Dissertação de PhD [doutorado], University of Pennsylvania. Trechos publicados por Plenum Press: Nova York, 1975.

—— (1957). *Syntactic Structures*. Haia: Mouton.

—— (1959)."A review of B. F. Skinner's *Verbal Behavior* 1957", *in*: *Language* 35: 26-58

—— (1964). "Current issues in linguistic theory", *in*: J. Fodor e J. Katz (orgs.), *The Structure of Language*. Englewood Cliffs, NJ: Prentice Hall, pp. 50-118.

—— (1965). *Aspects of the Theory of Syntax*. Cambridge, MA: MIT Press.

—— (1970). "Remarks on nominalization", *in*: R. A. Jacobs e P. S. Rosenbaum (orgs.), *Readings in English Transformational Grammar*. Waltham, MA: Ginn, pp. 189-221.

—— (1973)."Conditions on transformations", *in*: S. Anderson e P. Kiparsky (orgs.), *A Festschrift for Morris Halle*. Nova York: Holt, Rinehart, and Winston, pp. 232-86.

—— (1975). *Reflections on Language*. Nova York: Pantheon.

—— (1977). *Essays on Form and Interpretation*. Nova York, Amsterdam e Londres: North Holland.

—— (1981). *Lectures on Government and Binding*. Dordrecht: Foris Publications.

—— (1982). *Some Concepts and Consequences of the Theory of Government and Binding*. Cambridge, MA: MIT Press.

—— (1986a). *Knowledge of Language*. Nova York: Praeger.

—— (1986b). *Barriers*. Cambridge, MA: MIT Press.

—— (1990). "Language and cognition". Discurso de boas-vindas para a Conferência da Sociedade de Ciência Cognitiva, MIT, julho. *In*: D. Johnson e C. Emeling (orgs.), *The Future of the Cognitive Revolution*. Nova York: Oxford University Press, 1997.

—— (1993). "A minimalist program for linguistic theory", *in*: K. Hale e S. J. Keyser (orgs.), *The View from Building* 20. Cambridge, MA: MIT Press, pp. 1-52.

—— (1995a). *The Minimalist Program*. Cambridge, MA: MIT Press.

—— (1995b). "Language and nature", *in*: *Mind* 104. 413: 1-61. *In*: Chomsky (2000b).

—— (2000a). "Minimalist inquiries: the framework", *in*: R. Martin, D. Michaels e J. Uriagereka (orgs.), *Step by Step – Essays in Minimalist Syntax in Honor of Howard Lasnik*. Cambridge, MA: MIT Press.

—— (2000b). *New Horizons in the Study of Language and Mind*. Cambridge: Cambridge University Press.

—— (2001a). "Derivation by phase", *in*: M. Kenstowicz (org.), *Ken Hale: A Life in Language*. Cambridge, MA: MIT Press.

—— (2001b). "Beyond Explanatory Adequacy". A ser publicado em Belletti (em prep.).

CINQUE, G. (1990). *Types of A' Dependencies*. Cambridge, MA: MIT Press.

—— (1996). "On the evidence for partial N-movement in the Romance DP", *in*: G. Cinque, *Italian Syntax and Universal Grammar*. Cambridge: Cambridge University Press.

—— (1999). *Adverbs and Functional Heads: A Cross-Linguistic Perspective*. Oxford e Nova York: Oxford University Press.

—— (org.) (2001). *Mapping Functional Structure*. Oxford e Nova York: Oxford University Press.

COLLINS, C. (1997). *Local Economy*. Cambridge, MA: MIT Press.

D'ARCY THOMPSON, W. (1917). *On Growth and Form*. Cambridge: Cambridge University Press.

DEACON, T. (1998). *The Symbolic Species: The Co-evolution of Language and the Brain*. Nova York: Norton.

DEGRAFF, M. (org.) (1999). *Language Creation and Language Change*. Cambridge, MA: MIT Press.

DÉPREZ, V. (1998). "Semantic effects of agreement: the case of French past participle agreement", *in*: *Probus*, pp. 1-65.

DOBROVIE-SORIN, C. (1988). "À propos de la structure du groupe nominal en Roumain", *in*: *Rivista di grammatica generativa* 12: 126-151.

EMONDS, J. (1978). "The verbal complex V'-V in French", *in*: *Linguistic Inquiry* 9: 151-175.

—— (1980). "Word order in generative grammar", *in*: *Journal of Linguistic Research* I: 33-54.

FODOR, J. (2000). *The Mind Doesn't Work that Way: Scope and Limits of Computational Psychology*. Cambridge, MA: MIT Press.

FODOR, J. e J. Katz (orgs.) (1964). *The Structure of Language*. Englewood Cliffs: Prentice Hall.

FODOR, J., T. Bever e M. Garrett (1974). *The Psychology of Language: An Introduction to Psycholinguistics and Generative Grammar*. Nova York: McGraw-Hill.

FOX, D. (2000). *Economy and Semantic Interpretation*. Cambridge, MA: MIT Press.

FOX, D. e J. Nissenbaum (1999). "Extraposition and the nature of covert movement". MS, Harvard University.

FRANK, A. (1997). *Discover* 80.

FREIDIN, R. (1988). "Comments on Lightfoot (1988)", *in*: *Behavioral and Brain Sciences* 12.

FRIEDEMANN, M.-A. e L. Rizzi (orgs.) (2000). *The Acquisition of Syntax*. Londres: Longman.

FRIEDEMANN, M.-A. e T. Siloni (1997). "Agrobj is not Agrparticiple", *in*: *The Linguistic Review* 14: 69-96.

GALLISTEL, C. R. (org.) (1990). *Animal Cognition, Cognition*, edição especial, 37: 1-2.

—— (1997). "Neurons and memory", *in*: M. S. Gazzaniga (org.), *Conversations in the Cognitive Neurosciences*. Cambridge, MA: MIT Press.

—— (1999). "The replacement of general-purpose learning models with adaptively specialized learning modules", *in*: M. S. Gazzaniga (org.), *The Cognitive Neurosciences*, 2ª ed. Cambridge, MA: MIT Press.

GEHRING, W. J. e I. Kazuko (1999). *Trends in Genetics*. Setembro.

GIORGI, A. e G. Longobardi (1991). *The Syntax of Noun Phrases: Configuration, Parameters and Empty Categories*. Cambridge: Cambridge University Press.

GIORGI, A. e F. Pianesi (1997). *Tense and Aspect: From Semantics to Morphosyntax*. Oxford e Nova York: Oxford University Press.

GIUSTI, G. (1993). *La sintassi dei determinanti*. Pádua: Unipress.

GRAFFI, G. (1991). *La sintassi tra ottocento e novecento*. Bolonha: Il Mulino.

GREWENDORF, G. (2001). "Multiple Wh fronting", *in*: *Linguistic Inquiry* 32: 87-122.

GRIMSHAW, J. (1986). "Subjacency and the S/S' parameter", *in*: *Linguistic Inquiry* 17: 364-369.

HALE, K. (1978). "On the position of Walbiri in the typology of the base". MS, MIT.

HALE, K. e S. J. Keyser (1993). "On argument structure and the lexical expression of syntactic relations", *in*: Hale e Keyser (orgs.), *The View from Building* 20. Cambridge, MA: MIT Press.

HALLE, M. (1995). "Feature geometry and feature spreading", *in*: *Linguistic Inquiry* 26: 1-46.

HALLE, M. e K. N. Stevens (1991). "Knowledge of language and the sounds of speech", *in*: J. Sundberg, L. Nord e R. Carlson (orgs.), *Music, Language, Speech and Brain*. Londres: Mcmillan, pp. 1-19.

HAUSER, M. (1996). *The Evolution of Communication*, Cambridge, MA: MIT Press.

HAWKINS, R. D. e E. R. Kandel (1984). "Is there a cell-biological alphabet for simple forms of learning?", *in*: *Psychological Review* 91: 376-391.

HOLTON, G. (1996). "On the art of scientific imagination", *in*: *Daedalus*, pp. 183-208.

HORNSTEIN, N. (1984). *Logic as Grammar*. Cambridge, MA: MIT Press.

HUANG, J. (1982). "Logical Relations in Chinese and the Theory of Grammar". Dissertação de PhD [doutorado], MIT.

HYAMS, N. (1986). *Language Acquisition and the Theory of Parameters*. Dordrecht: Reidel.

JACKENDOFF, R. (1977). *X' Syntax: A Study of Phrase Structure*. Cambridge, Mass.: MIT Press.

JACOB, F. (1981). *Le jeu des possibles*. Paris: Fayard.

JAKOBSON, R. (1936). "Beitrag zur allgemeinen Kasuslehre: Gesamtbedeutung der russischen Kasus, TCLP, VI". Tradução para o inglês, *Russian and Slavic Grammar*. Berlim: Mouton, 1984.

JOHNSON, K. (1991). "Object positions", *in*: *Natural Language and Linguistic Theory* 9: 577-636.

JONAS, D. (1996). "Clause Structure and Verb Syntax in Scandinavian and English". Dissertação de PhD [doutorado], Harvard University.

JOOS, M. (1957). *Readings in Linguistics*. Washington: American Council of Learner Societies.

KATZ, J. e P. Postal (1964). *An Integrated Theory of Linguistic Descriptions*. Cambridge, MA: MIT Press.

KAYNE, R. (1975). *French Syntax: The Transformational Cycle*. Cambridge, MA: MIT Press.

—— (1984). *Connectedness and Binary Branching*. Dordrecht: Foris Publications.

—— (1989). "Facets of Romance past participle agreement", *in*: P. Benincá (org.), *Dialect Variation and the Theory of Grammar*. Dordrecht: Foris Publications, pp. 85-103.

—— (1994). *The Antisymmetry of Syntax*. Cambridge, MA: MIT Press.

—— (2001). *Parameters and Universals*. Oxford e Nova York: Oxford University Press.

KISS, K. (org.) (1995). *Discourse-Configurational Languages*. Oxford e Nova York: Oxford University Press.

KOOPMAN, H. (1983). *The Syntax of Verbs*. Dordrecht: Foris Publications.

KOOPMAN, H. e D. Sportiche (1991). "The positions of subjects", *in*: *Lingua* 85: 211-258.

KOYRÉ, A. (1957). *From the Closed World to the Infinite Universe*. Baltimore: Johns Hopkins University Press.

KURODA, S. Y. (1988). "Whether we agree or not: a comparative syntax of English and Japanese", *in*: W. J. Poser (org.), *Papers from the Second International Workshop on Japanese Syntax*. Stanford: CSLI, pp. 103-4 (também em: *Linguisticae Investigationes* 12: 1-47).

LASNIK, H. (1976). "Remarks on coreference", *in*: *Linguistic Analysis* 2: 1-22.

—— (1989). *Essays on Anaphora*. Dordrecht: Kluwer.

—— (1992). "Case and expletives: notes toward a parametric account", *in*: *Linguistic Inquiry* 23: 381-405.

LASNIK, H. e M. Saito (1992). *Move Alpha: Conditions on its Application and Output.* Cambridge, MA: MIT Press.

LEBEAUX, D. (1988). "Language Acquisition and the Form of Grammar". Dissertação de PhD [doutorado], University of Massachusetts at Amherst.

LEES, R. B (1960). *The Grammar of English Nominalization*. Haia: Mouton.

LEWONTIN, R. (1990). "The evolution of cognition", *in*: D. N. Osherson e E. E. Smith (orgs.), *An Invitation to Cognitive Science* vol. 3, *Thinking*. Cambridge, MA: MIT Press, pp. 229-46.

LIEBERMAN, P. (1984). *The Biology and Evolution of Language*. Cambridge, MA: Harvard University Press.

LIGHTFOOT, D. (1989). "The child's triggering experience: degree-o learnability", *in*: *Behavioral and Brain Sciences* 12: 321-375.

LONGOBARDI, G. (1994). "Reference and proper names: a theory of N-movement in syntax and Logical Form", *in*: *Linguistic Inquiry* 25: 609-665.

MANZINI, M. R. (1992). *Locality: A Theory and Some of Its Empirical Consequences*. Cambridge, MA: MIT Press.

MARCUS, G. (1998). "Can connectionism save constructivism?", *in*: *Cognition* 66: 153-182.

MAY, R. (1985). *Logical Form: Its Structure and Derivation*. Cambridge, MA: MIT Press.

MCCLOSKEY, J. (1996). "On the scope of verb movement in Irish", *in*: *Natural Language and Linguistic Theory* 14: 47-104.

MEHLER, J. e E. Dupoux (1992). *Naître humain*. Paris: Odile Jacob.
MORO, A. (1990). *The Raising of Predicates: Predicative Noun Phrases and the Theory of Clause Structure*, Cambridge: Cambridge University Press.
OBENAUER, H. G. (1994)."Aspects de la Syntaxe A'". Tese, Universidade de Paris VIII.
PERLMUTTER, D. (1978)."Impersonal passives and the unaccusative hypothesis", *in*: *Proceedings of the Fourth Annual Meeting of the Berkeley Linguistic Society*, pp. 157-89.
POLLOCK, J.-Y. (1989). "Verb movement, Universal Grammar, and the structure of IP", *in*: *Linguistic Inquiry* 20: 365-424.
POLLOCK, J.-Y. e C. Poletto (2001)."On the left periphery of some Romance wh-questions". MS, a ser publicado em Rizzi (em prep.).
POSTAL, P. (1999). *The Investigations of Extraction*. Cambridge, MA: MIT Press.
QUINE, W. V. O. (1972). "Methodological reflections on current linguistic theory", *in*: D. Davidson e G. Harman (orgs.), *Semantics of Natural Language*. Nova York: Humanities Press.
—— (1986)."Reply to Gilbert H. Harman", *in*: E. Hana e P. A. Schilpp (orgs.), *The Philosophy of W. V. Quine*. La Salle: Open Court.
RADFORD, A. (1997). *Syntax – A Minimalist Introduction*. Cambridge: Cambridge University Press.
RAMACHANDRAN, V. S. e S. Blakeslee (1998). *Phantoms in the Brain*. Londres: Fourth Estate.
REINHART, T. (1976)."The Syntactic Domain of Anaphora". Dissertação de PhD [doutorado], MIT.
—— (1983). *Anaphora and Semantic Interpretation*. Chicago: University of Chicago Press.
—— (1995)."Interface strategies". OTS Working Papers, University of Utrecht.
RITTER, E. (1991). "Two functional categories in Noun Phrases: evidence from Modern Hebrew", *in*: S. Rothstein (org.), *Perspectives on Structure: Heads and Licensing*, Syntax and Semantics 26. Nova York: Academic Press, pp. 37-62.

RIZZI, L. (1976). "Ristrutturazione", *in*: *Rivista di grammatica generativa* 1: 1-54.

—— (1978). "Violations of the Wh Island Constraint in Italian and the Subjacency Condition", *in*: *Montreal Working Papers in Linguistics* II.

—— (1982). *Issues in Italian Syntax*. Dordrecht: Foris Publications.

—— (1990). *Relativized Minimality*. Cambridge, MA: MIT Press.

—— (1997a). "A parametric approach to comparative syntax: properties of the pronominal system", *in*: L. Haegeman (org.), *The New Comparative Syntax*. Londres e Nova York: Longman, pp. 268-85.

—— (1997b). "The fine structure of the left periphery", *in*: L. Haegeman (org.), *Elements of Grammar*. Dordrecht: Kluwer, pp. 281-337.

—— (2000). *Comparative Syntax and Language Acquisition*. Londres: Routledge.

—— (2001a). "Relativized minimality effects", *in*: M. Baltin e C. Collins (orgs.), *Handbook of Syntactic Theory*. Oxford: Blackwell, pp. 89-110.

—— (2001b). "Extraction from Weak Islands, Reconstruction and Agreement". MS, Universidade de Siena.

—— (org.), (em prep.). *The Structure of CP and IP*. Universidade de Siena.

ROBERTS, I. (1993). *Verbs and Diachronic Syntax*. Dordrecht: Kluwer.

—— (2000). "The fine structure of the C-system in some Celtic languages". MS, Cambridge University, a ser publicado em Rizzi (em prep.).

ROSENBAUM, P. S. (1967). *The Grammar of English Predicate Complement Constructions*. Cambridge, MA: MIT Press.

ROSS, J. R. (1967). "Constraints on Variables in Syntax". Dissertação de PhD [doutorado], MIT.

—— (1986). *Infinite Syntax!* Norwood, NJ: Ablex.

RUSSELL, B. (1929). *The Analysis of Matter*. Leipzig: Teubner.

SAPIR, E. (1921). *Language*. Nova York: Harcourt Brace.

SAUSSURE, F. de (1916/1972). *Cours de linguistique générale*. Paris: Payot.

SHLONSKY, U. (1997). *Clause Structure and Word Order in Hebrew and Arabic: An Essay in Comparative Semitic Syntax.* Oxford e Nova York: Oxford University Press.

SIGURDSSON, H. (2000). "*To be* and oblique subject: Russian vs. Icelandic", *in*: *Working Papers in Scandinavian Syntax* 66: 1-32.

SILONI, T. (1997). *Noun Phrases and Nominalizations.* Dordrecht: Kluwer.

SKINNER, B. F. (1957). *Verbal Behavior.* Nova York: Appleton-Century-Crofts.

SPORTICHE, D. (1981). "Bounding nodes in French", *in*: *The Linguistic Review* 1: 219-246

—— (1998). *Partitions and Atoms of Clause Structure: Subjects, Agreement, Case and Clitics.* Londres e Nova York: Routledge.

STARKE, M. (2001). "Move Dissolves into Merge". Dissertação de doutorado, Universidade de Genebra.

STEWART, I. (1998). *Life's Other Secret.* Nova York: John Wiley.

SZABOLCSI, A. (1994). "The Noun Phrase"', *in*: F. Kiefer e K. E. Kiss (orgs.), *The Structure of Hungarian*, Syntax and Semantics 27. Nova York: Academic Press, pp. 179-274

—— (1999). *Weak Islands.* Syn Com Case Studies, M Everaert e H. van Riemsdijk (orgs.), University of Utrecht, University of Tilburg.

THACKRAY, A. (1970). *Atoms and power.* Cambridge, MA: Harvard University Press.

TORREGO, E. (1995). "On the nature of clitic doubling", *in*: H. Campos e P. Kempchinsky (orgs.), *Evolution and Revolution in Linguistic Theory*, Georgetown University Press.

TURING, A. (1952). "The chemical basis of morphogenesis", *in*: *Philosophical Transactions of the Royal Society of London*, pp. 37-72.

URIAGEREKA, J. (1995). "Aspects of the syntax of clitic placement in Western Romance", *in*: *Linguistic Inquiry* 26: 79-123

—— (1998). *Rhyme and Reason – An Introduction to Minimalist Syntax.* Cambridge, MA: MIT Press.

VERGNAUD, J.-R. (1982). "Dépendances et niveaux de représentation en syntaxe". Tese de doutorado, Universidade de Paris VII.

VIKNER, S. (1997). "V to I and inflection for person in all tenses", *in*: L. Haegeman (org.), *The New Comparative Syntax*. Harlow: Longman, pp. 189-213.

WATANABE, A. (1992). "Subjacency and S-structure movement of *wh in situ*", *in*: *Journal of East Asian Linguistics* 1: 255-291.

WEINBERG, S. (1976). "The forces of nature", *in*: *Bulletin of the American Society of Arts and Sciences* 29.4: 28-29.

WEXLER, K. (1994). "Optional infinitives, head movement and the economy of derivation", *in*: D. Lightfoot e N. Hornstein (orgs.), *Verb Movement*. Cambridge: Cambridge University Press, pp. 305-50.

—— (1998). "Very early parameter setting and the Unique Checking Constraint: a new explanation of the optional infinitive stage", *in*: *Lingua* 106: 23-79.

WILLIAMS, E. (1981). "Argument structure and morphology", *in*: *The Linguistic Review* 1: 81-114.

—— (1984). "*There* insertion", *in*: *Linguistic Inquiry* 15: 131-153.

—— (1997). "Blocking and anaphora", *in*: *Linguistic Inquiry* 28: 577-628.

WILSON, E. O. (1998). "The brain", *in*: *Daedalus*. Primavera.

ZAENEN, A., J. Maling e H. Thrainsson (1985). "Case and grammatical functions: the Icelandic passive", *in*: *Natural Language and Linguistic Theory* 3: 441-483.

ÍNDICE REMISSIVO

adequação 11-3, 35, 114, 159, 161-3
adequação descritiva 11-2, 35, 159, 161-2
adequação explanatória 11-3, 35, 114, 158, 161-3
advérbios 24-8
aprendizado por meio do esquecimento 18-9
aquisição de língua 6-11, 17-20, 35, 97-100, 102-5, 114, 166-8
argumentos 28-30, 190
armas de destruição em massa 215, 218-21
armas nucleares 217-20
  ver também armas de destruição em massa
assistência estrangeira 212-3
astronomia 98-9, 136-7
Axioma de Correspondência Linear (ACL) 168

Bach, Emmon 160
Baker, Mark 27
behaviorismo 175
Belletti, Adriana 27, 41, 46
Berkeley, George 123
Berlin, Isaiah 201-2
Bernays, Edward 223-4, 226
Bever, Thomas 154
Bickerton, Derek 91
biologia 86, 171-83
Black, Joseph 63, 83, 188, 190
Blair, Tony 219
Boston Globe 211
Boyle, Robert 70
britânico 222-4
Burzio, L. 17

Carter, Jimmy 229
Caso 33, 41-3, 138-9, 142-5, 149-50
censura 202

cérebro *ver* faculdade de linguagem (FL); mente; problema mente-cérebro
chinês 20, 22-3
ciência 68-9, 73
  filosofia mecânica 58-61, 79
  metodologia 120-6, 153-7
  minimalismo 168-87
  modelo de inteligibilidade 59-61, 79-82, 123
  "problemas difíceis" 70-1
  tese do afloramento 78-9, 84
  unificação 64, 71, 82-3, 85-8
ciências cognitivas 65, 74, 86-9
Cinque, Guglielmo 28, 34
Clark, Wesley 209
clero secular 201-5, 210, 212, 216, 219, 221, 223-7
Clinton, Bill 204, 211, 218-9
Cohen, I. Bernard 82
Comissão Trilateral 228-9
comissários 201-2
comunicação 53-5, 57, 76, 90-6, 105, 107, 132-3, 171, 179-81
comunicação da abelha 66, 90-2, 171
concordância 39-40, 43, 137-8, 142-5
concordância participial 39-40
Condição de Adicionalidade 146
Condição de Impenetrabilidade da Fase 47
consciência 70
construção passiva 17-8
construções 115
construções clíticas 32-3
construções expletivas 37, 44-6
co-referência 7-9
corpos de doutrina 63-7, 71, 85, 88, 188-90
credibilidade 219-20
Criacionismo 175
curdos 209-11

dados lingüísticos primários 12
Dalton, John 169
D'Arcy Thompson, W. 67, 110, 171, 176
Darwin, Charles 9, 54-7, 65, 94-5
Davies, Paul 85
Davy, Humphry 169
Deacon, Terrence 97-100
democracia 224-5, 229
Descartes, René 58-60, 62, 79-80, 85
deslocamento 109, 116, 139-43, 147, 149-50, 154-7
deslocamento de clique 154-6
deslocamento manifesto *versus* deslocamento coberto 20-4
discurso interior 93, 184
dissidentes 201-3
Dobbs, Betty 61
dualismo mente-corpo 58-9, 62, 85
Dupoux, E. 19

economia derivacional 37-41
economia representacional 37-5

Ellacuria, padre Ignácio 204
El Salvador 204, 206-8, 211
Emonds, J. 25, 29
Encyclopaedia of Social Sciences 225
Estados Unidos da América
  assistência a outros países 212
  Comitê de Informação Pública 222
  credibilidade 219-20
  democracia 224-6, 229
  direitos de propriedade 224
  e El Salvador 204, 206-8
  e o sul 213-4, 216-7
  estratégia da dissuasão 214, 220
  estudo do STRATCOM 217-21
  e Timor Leste 204
  e Turquia 210-1
  governo 224
  neoliberalismo 229-30
  orçamento militar 214-5
  planejamento adaptativo 217
  planejamento secreto 214, 217
  tecnologia 215-8
  transformação dos Estados Unidos em uma grande corporação 227
estilo galileano 5, 120-5, 157
estrutura sintagmática 163, 165-8
Euclides 124
Euler, Leonhard 61, 124

Europa Oriental 206
evolução 55, 67-9, 94-8, 171-6, 179, 181-7
explanação 158-68

faculdade de linguagem (FL) 1, 9, 55-6, 77, 103-6, 109-10
"fantasma na máquina" 62, 85
Faroese 158
filosofia mecânica 58-61, 79
física 64, 81, 83, 86, 88-9, 122-3, 125-6, 168
Fodor, Jerry 154, 183
fonologia 145-6, 198-9
Forma Fonética 49
Forma Lógica 21, 37-8, 49
Fox, D. 24
francês 18, 20-7, 39-40, 44
Frege, Gottlob 54

Galês 29
Galileu 53-4, 56, 59-61, 63, 67-8, 79, 121-2
Gallistel, C. R. 76, 102-5
Garret, Merrill 154
Gauss, Karl Friedrich 124
Gell-Mann, Murray 168
geometria 125
Goethe, Johann Wolfgang von 176
gramática *ver* gramática gerativa; gramáticas particulares; Gramática Universal
gramática gerativa 4-5, 14, 36, 56, 116-7

gramáticas particulares 10, 14, 16, 77
Gramática Universal (GU) 10-1, 35, 77
 construção passiva 17-8
 princípios e parâmetros 13-20, 35, 117-8, 161-2, 188
 restrições de ilha 14-6, 47, 159-60, 189
 subjacência 15-6
 ver também aquisição de língua; uniformidade lingüística
Gramsci, Antonio 205
Gribbin, John 85
Grimshaw, J. 15
Guatemala 226
Guerra Fria 216, 216

Hale, Ken 13
Halle, Morris 121, 197
Hauser, Marc 76, 90-7, 170, 173, 179-81
Havel, Vaclav 206-10
Heisenberg, Werner Karl 83
Helmholtz, Hermann L. F. von 69
Hilbert, David 125
hipótese SD 31-3
Hitler, Adolf 222
Hornstein, Norbert 21
Huang, James 21-2
Hume, David 61, 71, 78, 81
Hussein, Saddam 215
Husserl, Edmund 121
Huygens, Christiaan 62
Hyams, N. 19

Ilhas Fracas 48
imagens, produção das 200
infinidade de expressões 54, 59
inteligibilidade 59-63, 79-82, 123
interfaces 9, 37, 148-50, 152, 196-200
International Herald Tribune/Washington Post 219
Interpretação Plena 37-8
"intervenção humanitária" 221
inversão do sujeito 40
Iraque 215
irlandês 28
islandês 144
Israel 221
italiano 15, 22, 32, 40, 42-3, 48, 144
Iugoslávia 209-10, 219, 221

Jacob, François 68, 171
Jacob, Margareth 61
Jakobson, Roman 138
Jay, John 224
Johnson, K. 25
Jonas, Dianne 158
Joos, Martin 172

Kandle, Eric 89
Kayne, Richard 16, 24, 30, 39, 188
Koopman, H. 29-30
Kosovo 207, 209, 219
Koyré, Alexandre 61, 81
Kuroda, S.Y. 29
lacunas parasíticas 158

lacunas parasíticas 158
La Mettrie, Julien O. de 64
Lange, Friedrich 71, 82
langue 1, 3, 36
Lasnik, H. 8, 10, 46
Lasswell, Harold 225
Lavoisier, Antoine 169, 191
Leibniz, Gottfried Willhelm von 62, 123
Lewontin, Richard 97, 185
Lieberman, Philip 187
Lightfoot, David 19
limite 124
linguagem
   criatividade 2, 59, 80
   discurso interior 93, 184
   e comunicação 53-7, 92-6, 132-3, 179-82
   evolução 57, 94-8, 181-7
   língua particular (L) 106
   línguas internas 56, 77, 109
   línguas VSO 28-9
   não-configuracional 13, 150
   natural *versus* formal 134-7, 150-1, 155-7, 194-5
   perfeição da 68, 109, 119-20, 129-34
   ver também faculdade de linguagem
língua particular (L) 106
línguas internas 56, 77, 109
línguas não-configuracionais 12, 150
línguas Verbo-Sujeito-Objeto (VSO) 28-30
lingüística estruturalista 172
Linguistic Inquiry 164

Lippman, Walter 223, 225
livre-arbítrio 59, 69-71
localidade 46-7
   Minimalidade Relativizada 47-8
   Subjacência 16, 46
Locke, John 64-5, 84
Lockheed-Martin Corporation 217
Longobardi, Giuseppe 138

Machamer, Peter 58-9
Madison, James 224, 227
Mahathir Mohamad 213
Marr, David 89
matemática 123-5, 168
materialismo 81-2
Maugham, W. Somerset 93-4
May, R. 21
McCloskey, J. 28-9
Mehler, J. 19
mente 64-6
   modelo computacional 74
   res cogitans 59-61
   teoria da 58-9, 62
   ver também filosofia mecânica; dualismo mente-corpo; problema mente-cérebro
Minimalidade Relativizada 47-8
minimalismo
   antecedentes 35-7
   alcance e perspectivas 188-200
   economia derivacional 37-41

economia representacional 37-8
e outros domínios científicos 168-87
explanação 158-68
fonologia 145-6
imperfeições 134-46
língua natural *versus* formal 135-7
localidade 46-8
metodologia 67, 120-6, 153-7
morfologia 134, 136-45, 150
otimidade 130
perfeição 118-21, 129-34
projeto 127-8, 130-4
projetos cartográficos 151-3
raízes 113-29
rejeição do 152-8
teoria dos vestígios como cópias 49-52
traços ininterpretáveis 41-6, 138, 142, 145
modelo de inteligibilidade 59-61, 79-82, 123
More, Henry 70
morfologia 39, 134, 136-45, 150
Moro, A. 46
Mountcastle, Vernon 65, 75, 78
movimento 62-5, 67, 70
movimento do verbo 25-8, 39
Muro de Berlim 203, 212, 216

não-alinhamento 212
natureza mental 57-8
neoliberalismo 229-30
neurociência 65, 103
neurofisiologia 84
Newton, Isaac 61-3, 70, 81-2, 123
New York Times 207, 211
Nissenbaum, J. 24
núcleos funcionais 26-7
advérbios e 24-8
argumentos e 28-30

operação Concatenar 34, 44-6, 165-8
órgão da linguagem *ver* faculdade de linguagem
Orwell, George 202-5, 229
OTAN 209-10, 219, 221-2

parole 2-4
Pauling, Linus 83, 86
pensamento 49, 53, 64-5, 84, 93, 133, 149-50
percepção visual 69, 127
perguntas 20-3
periferia esquerda 30-1
Perlmutter, D. 18
Petty, William 70
Pinker, Steven 96
pobreza de estímulo 6, 10
poder 227, 230
Poincaré, Jules Henri 87
Poletto, C. 24
Pollock, J.-Y. 24-6
Postal, Paul 189
Priestley, Joseph 64-5, 78
Princípio das Categorias Vazias (PCV) 22, 135, 168, 190
Princípio de Evitação do Pronome 37

Princípio de Não Co-referência 8
Princípio de Projeção Estendida (PPE) 142-5
princípios e parâmetros 13-20, 35, 117-8, 161, 188
problema mente-cérebro 63-6, 74-6
　abordagem etológica 75-6, 89-102
　tese do afloramento 65, 75, 77-90
　unificação 65-6, 73-5, 85-6
　visão modular da aprendizagem 76, 103-9
　vontade e escolha 69-70
Proceso 206
projeto 126-8, 130-4
projetos cartográficos 34, 151-2
propaganda 222-4, 226, 228
Prout, William 169
psicologia 84, 126, 154, 226

química 63-4, 83, 86-9, 126, 169, 190-1
Quine, W. V. O. 155-6

reconstrução 51-2
Redondi, Pietro 68
Reinhart, T. 7, 9, 24
relações públicas (RP) 223, 226
representação fonética 106
representação semântica 106-7
representações 105-8
res cogitans 59-61
restrições de ilha 14-6, 47, 159-60, 189

revolução cognitiva 2, 5, 84
Rizzi, Luigi 10, 15-6, 48
Rosenbaum, P. S. 47
Ross, John Robert 160
Russell, Bertrand 87
Rússia soviética 201, 203, 212-3

Sapir, Edward, 172
Saussure, Ferdinand de 2-4, 36
seleção natural 55, 95-7, 173-6, 185-6
semântica 135-6, 138-45, 149-50
semítico 30
Shipman, Barbara 71
sinais referenciais 95
sintaxe 3-4, 24, 33-4, 37, 134-5, 198-9
sistema de regras 115-6
Skinner, B. F. 175
Solzhenitsyn, Alexander 209
Sportiche, D. 15, 29
subjacência 15-6, 46
superveniência 88
suspensão do sujeito 20

Tabela Periódica 169
teoria da ligação 9, 52, 190
teoria da mente 58-9, 62
teoria dos *quarks* 168-9
teoria dos vestígios como cópias 40, 49-52
Teoria X-barra 115, 188
teóricos de Port Royal 54, 56
Thackray, Arnold 63
Timor Leste 201, 222

Tinbergen, Nikolaas 76, 90, 92, 102
traços ininterpretáveis 41-6, 108-9, 138, 142, 145, 190
Truman, Harry 229
Turing, Alan 58, 67, 79-80, 110, 177
Turquia 210-1

unificação 64-7, 71, 73-5, 82-3, 85-8
uniformidade lingüística 182
   advérbios e núcleos funcionais 24-8
   argumentos e núcleos funcionais 28-30
   hipótese DP 31-4

movimento manifesto *versus* movimento coberto 20-4
periferia esquerda 30-1
projetos cartográficos 34

vatúsi 30
Voltaire 70

Walker, William 207
Wallace, Alfred Russel 55
Washington Post 211
Watanabe, A. 24
Weinberg, Steven 121-2
Whatmough, Joshua 121
Williams, E. 29, 36
Wilson, E. O. 74